Guia del passeig de Gràcia de Barcelona

1,5 km de cultura, estil i oci

Amb la col·laboració de:

MONTABER

Guia del passeig de Gràcia de Barcelona
Primera edició: desembre 2014

© 2014, ICG Marge, SL
© ICG Marge, SL / Ajuntament de Barcelona

Ajuntament de Barcelona
Consell d'Edicions i Publicacions: Jaume Ciurana i Llevadot, Jordi Martí i Galbis, Marc Puig i Guàrdia, Albert Ortas i Serrano, Miquel Guiot i Rocamora, Jordi Joly i Lena, Vicente Guallart i Furió, Àngel Miret i Serra, Marta Clari i Padrós, Josep Lluís Alay i Rodríguez, José Pérez Freijo, Pilar Roca i Viola
Director de Comunicació i Atenció Ciutadana: Marc Puig
Director d'Imatge i Serveis Editorials: José Pérez Freijo

Direcció d'Imatge i Serveis Editorials de l'Ajuntament de Barcelona
Passeig de la Zona Franca, 66 - 08038 Barcelona
Tel. +34-934 023 131 - www.bcn.cat/barcelonallibres
ISBN: 978-84-9850-637-2

Marge Books
Director editorial: David Soler
Gestió editorial: Hèctor Soler, Neus Piñol
Col·laboració editorial: Laia Martínez
Compaginació: Mercedes Lara
Impressió: Impremta Pagès (Anglès, Girona)

València, 558, àtic 2a - 08026 Barcelona
Tel. +34-932 449 130 - www.margebooks.es

ISBN: 978-84-15340-08-9
DL: B-26835-2014

Índex

Pròleg

Barcelona sempre s'ha definit com una ciutat moderna, dinàmica, oberta al món, emprenedora i eminentment comercial. Estic segur que, fullejant les pàgines d'aquesta guia, confirmareu que el passeig de Gràcia n'és un dels seus màxims exponents.

El passeig de Gràcia és molt més que un carrer. És una via de comerç de qualitat, on trobem alguns dels edificis més emblemàtics de la ciutat. Un passeig que és un símbol de Barcelona i que és admirat per tots aquells que ens visiten.

Per a mi, és un dels millors exemples de la combinació harmoniosa de cultura, arquitectura, tradició, comerç i persones que ens caracteritza. Un veritable eix de trobada, on s'apleguen establiments de referència mundial, al costat d'una àmplia oferta d'art i restauració, i on s'organitzen esdeveniments creatius i innovadors, com The Shopping Night.

Des d'aquestes línies, vull aprofitar l'ocasió per agrair l'esforç i el compromís de l'associació Amics del Passeig de Gràcia i de totes les persones, empreses i entitats que s'impliquen diàriament perquè segueixi essent un veritable motor comercial, turístic, cultural i social de Barcelona.

XAVIER TRIAS
Alcalde de Barcelona

Presentació

El passeig de Gràcia, amb un quilòmetre i mig de botigues, edificis emblemàtics, bon menjar i estil de vida mediterrani, és un dels eixos comercials i culturals amb més renom i importància del món. La seva projecció nacional i internacional contribueix a situar Barcelona com a una de les ciutats més ben valorades.

La singularitat del passeig de Gràcia va néixer amb la seva situació a l'Eixample i com a un dels eixos vertebradors del desenvolupament urbanístic de Barcelona, amb l'arquitectura modernista dels seus principals edificis i com a punt de trobada de la vida social barcelonina. Des d'aquí, durant més de cent vuitanta anys, a través d'un amplíssim ventall d'activitats socials, comercials i culturals, el passeig de Gràcia ha esdevingut el més important aparador de Barcelona vers l'exterior. Una avinguda on és possible trobar l'elegància de la història a cada pas del camí.

Això explica que sigui un espai de referència per a la ciutadania de Barcelona, que aplegui a tantes i tan importants empreses nacionals i internacionals i que formi part del recorregut imprescindible per als visitants de la ciutat.

Confiem que aquesta guia sigui un complement útil i pràctic per a apropar-se al passeig de Gràcia des de qualsevol de les seves vessants: la cultural, visitant els seus edificis i museus; la del glamur dels seus establiments comercials, o la culinària, a través dels seus exquisits restaurants. Però, sobretot, aquesta és una guia que convida a passejar i que permet identificar cadascun dels elements que configuren aquesta avinguda que marca el pols de la Barcelona cosmopolita: el cor de la ciutat.

Lluís Sans
President d'Amics del Passeig de Gràcia
www.barcelonapasseigdegracia.com

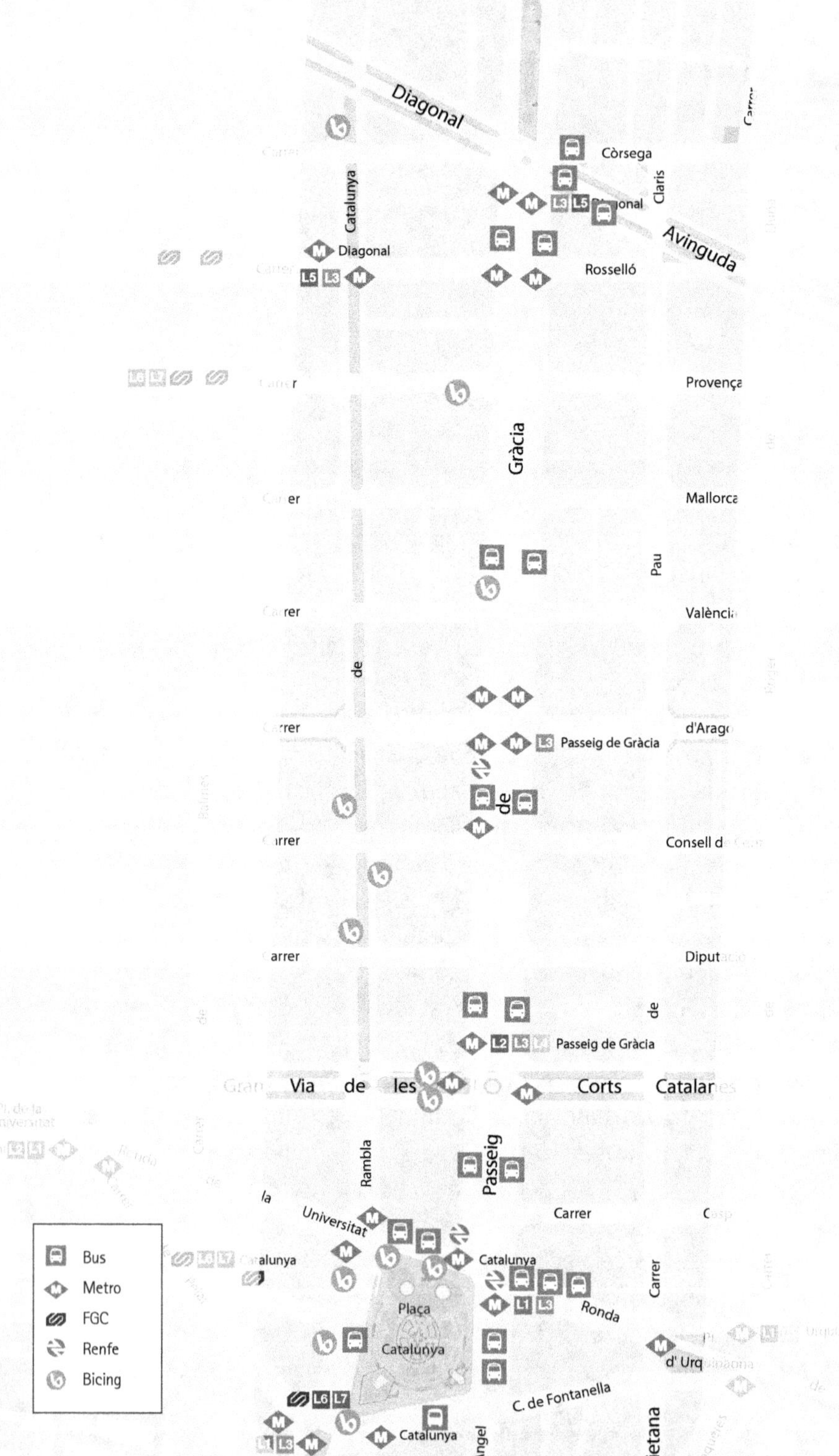

Diagonal
Còrsega
Catalunya
Claris
Avinguda
M
M
L3 L5 Diagonal
M Diagonal
L5 L3 M
M M Rosselló
Provença
Gràcia
Mallorca
Pau
València
de
M M
M M L3 Passeig de Gràcia
de
M
Consell d
Carrer
Diput
de
M L2 L3 Passeig de Gràcia
Gran Via de les Corts Catalanes
M M
Pl. de la Universitat
Rambla
Passeig
la
Universitat
M
M
M Catalunya
Catalunya
L1 L3 Ronda
Carrer
Plaça
Catalunya
M d' Urq
C. de Fontanella
L6 L7
M
L1 L3 M
M Catalunya
l'Àngel
aietana
Bus
Metro
FGC
Renfe
Bicing

El passeig de Gràcia
Història, elegància i modernitat

Francesc Pujols[1]

A finals del segle XIX, dues persones podien trigar vint-i-cinc minuts a fer a peu el tram del passeig de Gràcia que anava des de la Gran Via de les Corts Catalanes fins al carrer Diputació, i no perquè l'acumulació de gent els impedís avançar, sinó per la quantitat de vegades que s'havien d'aturar a saludar. Perquè si alguna cosa ha estat sempre el passeig de Gràcia és un «estatus», el lloc on s'ha de ser. Des del 1860, quan ja s'havien enderrocat les muralles de la ciutat antiga, Barcelona no parava de créixer i de menjar-se les viles del voltant. Per a comunicar més eficaçment l'antiga vila de Gràcia amb el centre urbà, va néixer el passeig de Gràcia, una artèria urbana que es convertiria en un dels indrets d'esplai i de comerç més importants de la ciutat: des de l'hotel Colón de la plaça de Catalunya, passant pel cafè

1. Francesc Pujols i Morgades (1882-1962), escriptor i filòsof.

cantant Jardín de las Delicias, els Camps Elisis, els teatres Tívoli i Novedades, el Jardí d'Euterpe, els edificis de la Mansana de la Discòrdia i fins a dalt de tot, el Palau Robert. La burgesia barcelonina, enriquida gràcies al capital que arribava de les colònies americanes, es va llançar a una competició de refinament estètic i afany de recuperar l'esplendor perduda de la ciutat i va encarregar cases a arquitectes modernistes de primera línia, on destacà qui hauria de ser el geni arquitectònic del segle XX, Antoni Gaudí, responsable de la Casa Milà, més coneguda com La Pedrera. Tots aquests edificis van convertir el passeig de Gràcia en una autèntica obra d'art a l'aire lliure.

Però el passeig i el seu entorn han tingut sempre dues altres grans vocacions: la comercial i la cultural, i això es tradueix en nombrosos museus i sales d'exposicions d'alt nivell, com la Fundació Tàpies, el Museu Egipci o la Fundació Suñol. Els comerços més prestigiosos de Barcelona s'hi van voler instal·lar des del principi, i alguns, com ara Santa Eulalia, encara hi són, al costat de les marques internacionals més prestigioses, com Valentino o Chanel, coneixedores del gran prestigi que els atorga estar ubicades al passeig. La conversió de Barcelona en un dels grans focus d'atracció del turisme mundial ha impulsat la proliferació d'hotels i apartaments de luxe que ofereixen la possibilitat d'allotjar-se al bell mig de la història i de l'art, allà on la ciutat ofereix, en un sol bulevard, luxe i glamur, oci i cultura, tradició i modernitat.

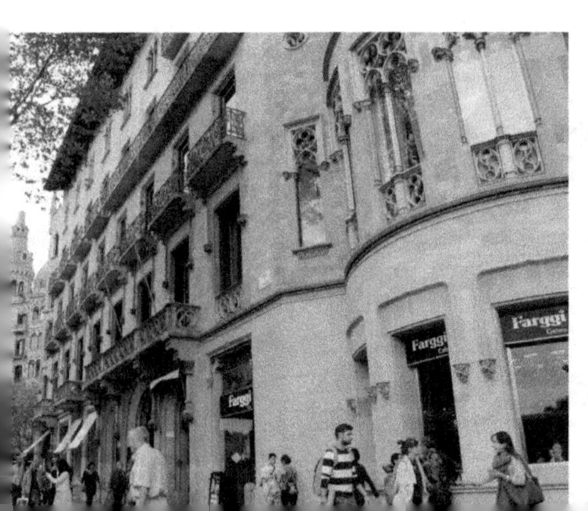

Breu història del passeig de Gràcia

El traçat del passeig de Gràcia se-
gueix el d'una via romana que unia
Barcino amb Sant Cugat. A l'Edat
Mitjana aquesta via era coneguda
com a camí de Jesús; duia fins al
convent franciscà de Santa Maria
de Jesús (1427), que s'ubicava a
l'espai que avui va dels carrers de
Consell de Cent a Aragó i, converti-
da en camí de Gràcia, seguia pujant
fins a la vila d'aquest mateix nom.
El 1827 es va inaugurar la primera
urbanització del passeig de Grà-
cia: 1.550 metres de longitud i 42
d'amplada, dividits en cinc carrils
per mitjà de sis rengleres d'arbres
plantats amb precisió militar. L'es-
pai central estava reservat per als
vianants, i dos carrils per banda, per
als carruatges. A poc a poc van pro-
liferar els jardins i les instal·lacions
dedicades al lleure, on els barcelo-
nins acudien en massa, els diumen-

El passeig de Gràcia el 1874

ges de bon temps, per a passejar i
refrescar-se al costat d'una font. El
1860, la reina Isabel II va posar la
primera pedra de l'Eixample projec-
tat per Ildefons Cerdà, i al passeig
s'hi van edificar les primeres cases
i palaus. Els carrers de la trama de
l'Eixample tenien una amplitud
mai vista —vint metres com a mí-
nim de cada carrer— i la genialitat
del xamfrà a cada cantonada, una
novetat en la història de l'urbanis-
me. La proliferació de comerços a

El passeig de Gràcia el 1915

El passeig de Gràcia cap al 1930

Vista del passeig de Gràcia des de la plaça de Catalunya cap al 1930

les plantes baixes arribaria amb el tombant de segle, i l'explosió del modernisme hi aportaria els edificis més singulars, amb La Pedrera com a estendard, però també els fanals i els bancs tan emblemàtics. Les reaccions dels coetanis van ser de tots colors: els elogis i les fortes crítiques a l'extravagància d'alguns edificis es van combinar fins ben entrat el segle xx. Al llarg d'aquest segle es van realitzar algunes re-ordenacions del passeig, que van donar com a resultat la desaparició dels tramvies que hi circulaven i l'ampliació de les voreres laterals, per a facilitar que els vianants passegin avui per una de les avingudes més famoses i cotitzades del món.

Bressol del modernisme

El gran desenvolupament industrial de la Catalunya del segle xix, l'augment demogràfic accelerat provocat per l'onada migratòria de resultes de l'Exposició Universal de Barcelona del 1888, la prosperitat dels negocis i la gestació del moviment catalanista van fer de catalitzadors perquè una sèrie d'artistes —escultors, arquitectes, però també poetes, músics i pintors— oberts a les noves corrents artístiques europees, poguessin demostrar el seu talent personal i la seva creativitat amb total llibertat. Edificar al passeig de Gràcia es va convertir en un motiu d'orgull i d'exhibició per a la

Casa Amatller el 1900: menjador amb Antoni i Teresa Amatller

Casa Comalat

Representació en ceràmica a la Casa Lleó Morera

Detall ceràmic a la Casa Lleó Morera

nova burgesia, enriquida a Amèrica o gràcies a la puixança d'indústries com la tèxtil, i aquesta no va dubtar a finançar els projectes més agosarats. El modernisme (l'estil que a altres països d'Europa es coneix com a *modern style, jugendstil* o *art nouveau*), amb el seu gust per les formes sinuoses i inspirades en la naturalesa, va omplir aquesta avinguda d'edificis amb xemeneies, teulades i torrasses amb aparença de guerrers o dracs adormits, que li atorguen el seu caràcter únic. El modernisme es va expressar a les façanes, però també a l'interior dels edificis, en els acabats, els mosaics, la decoració, el mobiliari, els complements o les escultures. La competència entre mecenes i arquitectes de primera línia (Domènech i Montaner, Puig i Cadafalch, Enric Sagnier o Antoni Gaudí, entre altres) va trobar el seu apogeu a la Mansana de la Discòrdia, entre els carrers Consell de Cent i Aragó: la gosadia dels arquitectes a l'hora de projectar edificis com la Casa Lleó Morera, la Casa Amatller o la Casa Batlló va donar lloc a tres joies que cap visitant del passeig de Gràcia ha de deixar d'admirar.

La Pedrera cap al 1930

Un passeig comercial i gastronòmic

El passeig de Gràcia s'ha incorporat durant les darreres dècades a la preuada llista dels eixos comercials més importants del món: a Roma, la Via Condotti; a Milà, la Via Montenapoleone; a París, els Champs Elysées; a Londres, New Bond Street; a Nova York, la Cinquena Avinguda, i a Barcelona, el passeig de Gràcia.

En aquesta via s'apleguen els millors hotels i apartaments d'alt *standing*, com ara els hotels Casa Fuster, el Majestic & Spa o el Mandarin Oriental. També, les principals firmes de roba i complements de luxe, des de Gucci a Louis Vuitton, passant per Yves Saint Laurent, Carolina Herrera, Loewe o Valentino; joieries com ara Tiffany, Cartier o Bulgari, i perfumeries com ara Chanel. Marques selectes que comparteixen

el passeig amb primeres firmes de consum massiu, com ara Zara, pel que fa a la moda, o Appel, quant a les tecnologies de la comunicació. Totes competeixen per posar les seves botigues insígnia *(flagship store)* en els millors i més estratègics locals del passeig.

Però el passeig de Gràcia també acull oficines professionals i seus corporatives d'empreses nacionals i internacionals de tots els àmbits d'activitat industrial i de serveis.

Un desplegament comercial que es combina amb una àmplia i variada oferta gastronòmica on podem trobar des de les estrelles Michelin del Moments o el Roca Moo, fins a la cuina catalana i mediterrània i el *tapeo* més tradicional.

Mandarin Oriental

Tot això, envoltat de palaus cente-
naris i de l'esplendor de les joies del
neoclassicisme i del modernisme, fan
del passeig de Gràcia un dels princi-
pals centres econòmics de la Ciutat
Comtal i una cita obligada per a qui
busqui un còctel que combini el luxe i
la vitalitat comercial amb la tradició.

Cultura i noves tendències

El classicisme i l'avantguardisme del
passeig de Gràcia i, sobretot el seu
caràcter cosmopolita, el converteixen
en escenari ideal per a celebracions i
esdeveniments ben diferents:

**Fira del Llibre d'Ocasió Antic i
Modern.** Iniciada l'any 1952 i or-
ganitzada pel Gremi de Llibreters
de Vell de Catalunya, aquesta és la
més veterana de les celebracions
del passeig. Durant quinze dies,
a finals de setembre, les llibreries
de vell munten casetes i hi expo-
sen els seus tresors: llibres de se-
gona mà, títols difícils de trobar,
descatalogats i autèntiques peces
de col·leccionista per als amants
d'aquest objecte cultural que, tot i
l'avenç imparable de les noves tec-
nologies, reviu any rere any.

Setmana del Barret. Aquesta és
una iniciativa que impulsa la clàs-
sica botiga de teixits i complements

Gratacós. Durant una setmana del mes d'abril, conviden dissenyadors a treballar dins de la botiga perquè el públic pugui conèixer les seves propostes d'estilisme en barrets i minitoquetes. L'esdeveniment té per finalitat donar a conèixer l'ofici artístic dels barretaires.

Verema. A imatge i semblança de les Vendanges Montaigne de París i la Vendemmia de Milà, l'associació Amics del Passeig de Gràcia organitza cada mes de setembre, des del 2011, aquest esdeveniment restringit en exclusiva a clients convidats per les botigues que participen en la celebració, que consisteix a unir el luxe dels productes a la venda amb els millors vins i caves del món.

The Shopping Night. Una nit a l'any, les botigues de tot el passeig obren les seves portes i permeten gaudir de les compres en un ambient únic. Des de les vuit del vespre fins a la una de la matinada, és possible veure la cara nocturna de la moda combinada amb activitats artístiques i culturals, com ara la pintura, el teatre o l'òpera. L'esdeveniment es va començar a celebrar el 2010 i no para de créixer.

Museus i col·leccions singulars

El passeig de Gràcia i els seus voltants atresoren espais i racons de visita obligada pels curiosos i els amants de l'art i de la cultura.

El **Museu de la Perruqueria** i el **Museu del Perfum** exposen flascons, recipients i peces que fan possible un viatge que comença a la prehis-

Museu de la Perruqueria

Palau Robert

joves. La **Fundació Suñol** proposa exposicions de diverses disciplines de l'art contemporani nacional i internacional.

Al **Museu Egipci,** més de mil peces ofereixen la possibilitat de ser transportats fins a la civilització dels faraons. Per la seva part, a la **Fundació Institut Amatller d'Art Hispànic** i al centre cultural de **La Pedrera** es celebren grans exposicions, cicles de conferències, recitals de poesia, concerts de música i projeccions audiovisuals. I al **Palau Robert** hi trobarem exposicions permanents i temporals en els més de 1.000 m^2 repartits en quatre sales i, també, una oficina de turisme on cercar informació sobre qualsevol tema relacionat amb el passeig de Gràcia, amb Barcelona o amb Catalunya.

tòria i que acaba amb les tècniques i les marques comercials de l'actualitat.

Dos grans artistes catalans de projecció internacional donen nom a dues fundacions ben diferents: la **Fundació Tàpies,** que conté la col·lecció permanent del pintor informalista Antoni Tàpies, a més de proposar exposicions temporals i de comptar amb una excel·lent biblioteca d'art, i la **Fundació Frederic Mompou,** instal·lada al pis on va viure aquest músic i compositor, orientada a donar-lo a conèixer als músics més

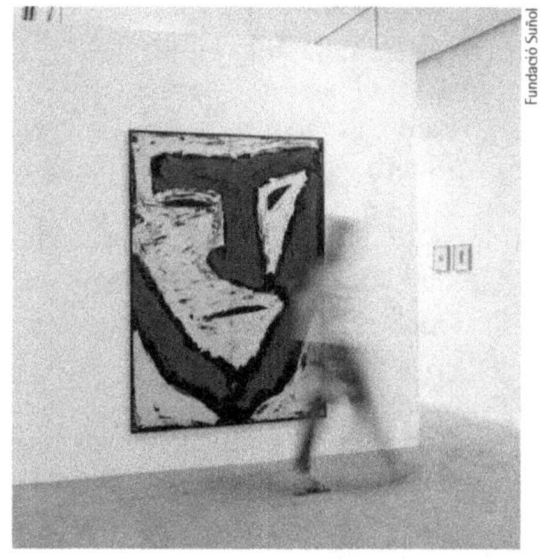

Metro: L1 (Catalunya), L2 (Passeig de Gràcia), L3 (Catalunya, Passeig de Gràcia), L4 (Passeig de Gràcia), L5 (Diagonal)
www.tmb.cat

Bus: 6, 7, 15, 16, 17, 20, 22, 24, 28, 33, 34, 39, 43, 44, 45, 47, 63, 67, 68, 544, V17, H10, H12, N4, N5, Bus Turístic: rutes nord i sud
www.tmb.cat
www.barcelonabusturistic.cat

Renfe: Plaça Catalunya, Passeig de Gràcia
www.renfe.com

FGC: Catalunya, Provença-La Pedrera
www.fgc.cat

Taxis: 931131920 / 933033033 / 933222222

Des de l'aeroport:
Aerobús: www.aerobusbcn.com
En tren: Línea R2 Nord Aeroport (Rodalies Renfe), www.renfe.com

Des del port:
L3 (Drassanes) y L4 (Barceloneta)

Bicing: passeig de Gràcia 61 (València) / passeig de Gràcia 89 (Provença) / plaça Catalunya, 10-11
www.bicing.cat

Aparcaments:
Saba Gràcia I, Diagonal (Jardinets)
Saba Gràcia II, Gran Via-Aragó
Saba Gràcia III, Aragó-Rosselló
www.saba.cat

Mar i muntanya / Besòs i Llobregat

No és un plat tradicional ni una paella que combini carn i peix. És, senzillament, la fórmula amb la qual els barcelonins indiquen una adreça o el lloc on s'ubiquen geogràficament, sobretot al centre de la ciutat. Barcelona limita al nord amb la muntanya del **Tibidabo** ⛰, al sud amb el **Mediterrani** ≋, a l'est amb el riu **Besòs**, i a l'oest amb el riu **Llobregat.** Així doncs, qualsevol ubicació situada als carrers perpendiculars al passeig de Gràcia, per exemple, serà muntanya o mar segons es trobi a la vorera nord o a la sud. De la mateixa manera, qualsevol adreça situada al passeig de Gràcia, o als carrers paral·lels, serà Besòs o Llobregat segons es trobi a la vorera est o a l'oest.

Símbols

- Banc
- Cinema
- Botiga/Comerç
- Galeria d'art
- Edifici singular
- Farmàcia
- Hotel
- Informació turística
- Museu/Monument
- Restaurant/Bar
- Teatre
- Altres

Gran Via

Des de plaça de Catalunya fins a Gran Via de les Corts Catalanes

Casp

ça de Catalunya

Números 1-11

Ronda de Sant Pere

1

🏛 **Edifici Banco Español de Crédito** (1942). Aquest edifici neoclàssic, obra de l'arquitecte Eusebi Bona i Puig, va ser fins al 2003 la seu del Banco Español de Crédito (Banesto) a Barcelona.

Curiositat: el solar va ser abans l'espai que ocupava l'hotel Colón, inaugurat el 1902 i reformat el 1918, i on es va instal·lar EAJ-1 Radio Barcelona, la primera emissora de radiodifusió d'España. L'edifici va ser enderrocat el 1940.

🛍 **Apple Store.** Des del 2012, la icònica poma mossegada de color blanc marca l'accés a aquesta emblemàtica botiga, amb 2.500 m² operatius i el més gran centre Apple del sud d'Europa. La planta baixa és sempre plena de curiosos que poden provar els darrers models d'ordinadors, tauletes i telèfons mòbils de la companyia fundada per Steve Jobs. La primera planta és per a reparacions i el soterrani, per a complements: bosses, fundes i accessoris de tot tipus.

Adidas Store. És la botiga oficial a Barcelona de la coneguda marca de calçat i roba esportiva que vesteix el *crack* blaugrana Leo Messi.

Curiositat: aquest número l'havia ocupat el monumental Café Alhambra (1891), fins que el 1906 els germans Mariano i Manuel Belio Gracia el van transformar en seu del cinematògraf Belio-Graff. El van inaugurar amb la projecció de vuit pel·lícules de la casa Pathé Frères, però el van acabar tancant el 1912.

Casa Puig Colom (1913). Tot i que ha sofert nombroses reformes amb el pas dels anys, entre les quals hi ha l'adjunció de dos pisos als quatre que tenia la casa de bon principi, aquest edifici projectat per Josep Font i Gumà manté un cert aire senyorial. Des de l'inici i fins a mitjan anys cinquanta, els baixos van ser ocupats pel popularíssim Forn de Sant Jaume, una de les pastisseries amb més anomenada de la ciutat.

Bershka. Té un ampli assortiment de roba juvenil, acolorida i d'esport, calçat i complements per a ambdós sexes.

Banco Santander. Aquesta és l'oficina principal a Barcelona del banc originari d'aquesta ciutat de Cantàbria que, sota la direcció d'Emilio Botín, ha arribat a ser el més important de l'Eurozona.

9

H&M. Prové de Suècia, amb una combinació de bon disseny i excel·lents preus a la roba, als cosmètics i als complements per a cada dia. També per a la mainada.

11

Edifici Generali (1950). Aquest monumental edifici de vint-i-una plantes i una torre de setanta-cinc metres va ser originalment projectat per a contenir: el Banco Vitalicio, l'encara existent Galeria Condal, una sala d'espectacles ja desapareguda, locals per a oficines i habitatges. És un dels exemples més destacats de l'arquitectura franquista de la ciutat, obra de l'arquitecte Lluís Bonet i Garí. Les façanes estan recobertes de granit de Galícia i pedra de Montjuïc, i diversos grups escultòrics i estàtues n'ornamenten els elements principals. Va ser un dels primers gratacels de la ciutat i l'edifici més alt fins a mitjan anys setanta. De la fusió, el 2009, de les companyies d'assegurances Vitalicio i Estrellas, en va resultar la Sociedad Generali.

Curiositat: per a construir-lo, es va haver d'enderrocar el Palau Samà, propietat del marquès de Marianao, un indià que havia arribat a ser alcalde de la ciutat. Se'n va conservar una font de marbre que es pot observar dins de la Galeria Condal.

 **Galeria Condal.** Els passadissos connecten el passeig de Gràcia amb la Gran Via de les Corts Catalanes i porten a les tres escales que condueixen a les oficines de l'edifici. Al centre, el restaurant cafeteria La Nou permet descansar, prendre cafè o dinar lluny del soroll del carrer.

Stradivarius. Tot i que el nom i el logotip d'aquesta botiga remeten al món de la música, es tracta d'una botiga de roba juvenil i de preus ajustats.

McGregor. El característic quadre escocès serveix de bandera per a aquesta botiga de roba masculina: polos i pantalons esportius per a ells.

Double Agent. Firma de moda d'inspiració nord-americana que ofereix roba, sabates, bosses, bijuteria, cosmètica i complements per a noies joves i adolescents en un espai de 200 m^2 distribuïts en tres nivells. Aquesta firma fuig dels canals tradicionals de publicitat i fa una forta aposta per les xarxes socials per a les seves promocions.

Piquadro. És sinònim de marroquineria italiana. Carteres, bosses de mà i de viatge, maletes i complements de disseny innovador i original, per a dones i per a homes, que es distribueixen a través de més de 100 *boutiques* de la marca en 50 països.

Geox. És una de les marques de sabates que ha irromput amb més força els darrers anys al mercat espanyol. D'origen italià, ha aconseguit fer-s'hi un lloc gràcies a uns dissenys del tot innovadors, sobretot pel que fa a les soles transpirables del calçat esportiu. Té una altra botiga al número 52 del passeig.

Gran Via de les Corts Catalanes direcció Llobregat

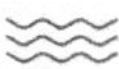

Gran Via de les Corts Catalanes, 630

Farga. Una de les pastisseries i xarcuteries amb més tradició de la ciutat. A més de la botiga, disposa de terrassa i de restaurant on se serveixen esmorzars, dinars i sopars de gran qualitat. N'hi ha una altra dalt de tot del passeig, a l'avinguda Diagonal, 391.

Gran Via de les Corts Catalanes, 605

Avenida Palace (1952) (4*). Aquest hotel, clàssic i de vestíbul espectacularment daurat, va ser del tot renovat el 2006. Consta de nou plantes i 151 habitacions, amb els serveis habituals. Ernest Hemingway, Joan Miró, Lizza Minnelli o els integrants dels Beatles han sigut algunes de les personalitats que s'hi han allotjat.

Monument al Llibre. Obra de l'escultor i poeta català Joan Brossa (1919-1998), realitzada el 1994 per encàrrec de la Fira del Llibre d'Ocasió Antic i Modern que organitza cada tardor des del 1952 el Gremi de Llibreters de Vell de Catalunya. Als peus del monument s'afegeix cada any una placa amb la firma de l'escriptor que n'ha fet el pregó.

Mirar i ser vist: jardins, teatres i cafès desapareguts

Atesa la creixent popularitat del passeig durant el segle XIX, aviat hi van proliferar jardins, cafès i establiments de menjar i beure, així com nombrosos teatres. Tants, que un dels dramaturgs més populars del moment, Serafí Pitarra, va dir que «ara hi ha en lo dit passeig més teatros que personas per anar-hi». Avui sols queden el Tívoli, el Coliseum i un reconvertit en cinema, el Comedia.

Des de 1849 van proliferar els teatres d'estiu, instal·lacions de fusta al bell mig de grans jardins que es muntaven i desmuntaven any rere any cada temporada. El teatre degà va ser el del Jardins del Tívoli, traslladat després al carrer Casp, on encara és avui. El 1853, el Camps Elisis van captar l'atenció dels barcelonins amb un desplegament de recursos per a l'oci com no s'havia vist mai a la ciutat. Els seguirien el Jardín de la Nimfa, els Jardins d'Euterpe o el Prado Catalán, entre d'altres.

El 1869 va néixer el Novedades, com a teatre estable, que tindria gran fama. Originalment va estar al xamfrà amb la ronda de Sant Pere i el 1885 es va traslladar un carrer més amunt, al carrer Casp, on va fer conjunt amb el cafè, el saló de ball

i la sala de billars. Tenia capacitat per a 2.000 espectadors, i tan aviat s'hi representava teatre com balls de màscares, concerts o mítings polítics. Va ser destruït per un bombardeig durant la Guerra Civil, i després reobert com a cinema i jocs de saló, que va tancar les portes el 2006.

El 1870 va obrir el Teatro Español, l'entrada del qual es correspon amb el passatge que hi ha entre els núme-

ros 26 i 24. Projectat per l'arquitecte Antoni Rovira i Trias, era de fusta i també hi cabien 2.000 persones. Sarsuela, òpera italiana o drama, tot hi tenia cabuda. El 1889, un incendi el va destruir del tot.

El primer cafè de tots va ser el Gran Café Hispano-americano, inaugurat el 1874 al número 38-40 i rebatejat el 1881 com a Cafè Lisboa. Una mica més avall, a la cantonada amb el carrer de Casp va obrir el Gran Café Novedades, el 1884, escampant taules pel passeig. Disposava d'un saló amb vint-i-tres taules i, quan va introduir una sala de billars, va tenir un èxit espaterrant. El més gran, però, va ser el Café Alhambra, inaugurat el 1891 al número 3 del passeig. Un dels més importants va ser el Cafè Torino, situat al número 18, impulsat el 1902 per un torinès que va ser qui va introduir el costum de «fer el vermut» a Espanya, fins aleshores típicament italià. El Cafè Torino tenia marquesina i unes escultures a la façana, i la decoració interior va ser obra d'Antoni Gaudí i de Josep Puig i Cadafalch. El 1910, la Junta Directiva del Futbol Club Barcelona el va triar per a celebrar-hi la consecució del primer Campionat d'Espanya. Entre el 1909 i el 1960, el Cafè Terminus, d'estil neoàrab, va servir de refugi per a moltes penyes i grups d'intel·lectuals que s'hi reunien per a fer tertúlia. La més famosa va ser la que va impulsar el poeta i pintor modernista Santiago Rusiñol, veí del número 96 del passeig, al bar La Puñalada del número 104, desaparegut el 1998.

Café Torino

Bar la Puñalada

Gran Via de les Corts Catalanes, 595

🏛 🎬 🎭 **El Coliseum** (1923). Inaugurat com a sala de cinema, és encara una de les més grans de la ciutat, tot i que des del 2006 s'utilitza preferentment com a teatre per a grans espectacles o concerts. Va ser la primera sala espanyola on es va projectar una pel·lícula sonora: *La canción de París* (1929), un film de la Paramount protagonitzat per Maurice Chevalier. És una mostra de l'arquitectura monumentalista de la dècada de 1920, obra de Francesc de Paula Bonet, i està inspirat en l'Òpera de París. La gran cúpula central, flanquejada per dues torres, és visible des de molt lluny, així com el porxo d'entrada, de curvatura convexa. Davant de la façana hi ha l'escultura *Encaix* (2003), obra de Margarita Andreu, de deu metres d'alçada. Una inscripció al terra la dedica: «A les persones mortes en els bombardejos feixistes (1937-1939) de la Guerra Civil a Barcelona i a tots els pobles víctimes d'altres guerres».

Diputació

Des de Gran Via de les Corts Catalanes fins a Diputació

Números 13-19 bis

Gran Via

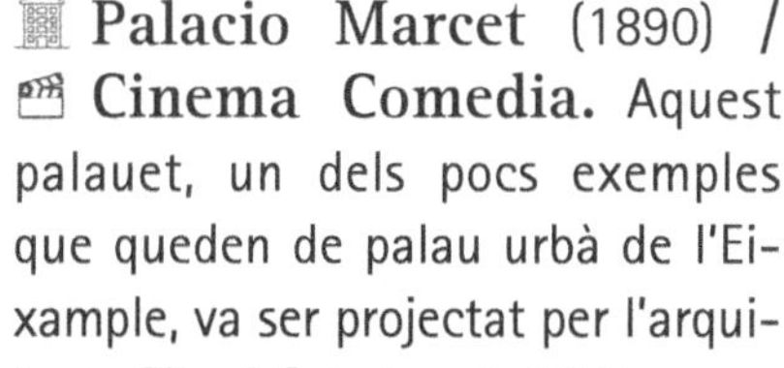

13

🏛 **Palacio Marcet** (1890) / 🎬 **Cinema Comedia.** Aquest palauet, un dels pocs exemples que queden de palau urbà de l'Eixample, va ser projectat per l'arquitecte Tiberi Sabater el 1887 com a habitatge particular. Després d'una profunda remodelació que només va conservar la façana original, el 1941 es va inaugurar com a teatre de la Comedia i el 1960 va passar a ser el cinema Comedia, que el 1983 es dividiria en tres sales i el 1995, en les cinc actuals. D'estil eclèctic, amb elements clàssics i neoplaterescs, té la façana principal al xamfrà de Gran Via de les Corts Catalanes amb el passeig de Gràcia, cobertes bombades als angles i cresteries al carener. El projecte original comptava amb uns jardins sumptuosos al darrere que van desaparèixer amb la construcció dels edificis adjacents.

Curiositat: al davant de l'entrada del cinema es conserva una de les dues fonts Wallace que queden a Barcelona (l'altre és a La Rambla de Santa Mònica), de les dotze

Font central. La construcció d'aquesta font, a la cruïlla del passeig de Gràcia i la Gran Via, s'emmarca dins la transformació urbanística de la zona arran de la celebració del Congrés Eucarístic Internacional del 1952. La font ornamental circular de 13,5 metres de diàmetre es va sotmetre el 2012 a una reforma que li va aportar efectes nous d'intensitat lumínica i colors, i que en va optimitzar el consum energètic.

amb què el filantrop Sir Richard Wallace va obsequiar Barcelona amb motiu de l'Exposició Universal del 1888.

Lottusse. És una marca de sabates provinent de Mallorca, fundada el 1877 per Antoni Fluxà Figuerola. Amb els anys, a més del calçat clàssic i elegant, ha ampliat el seu catàleg de productes i ara ofereix bosses i complements per a dona a través d'una xarxa de botigues per tres continents.

Guess. És una marca nordamericana, fundada a Los Angeles el 1981 pels germans Marciano, d'estil de vida jove, *sexy* i aventurer, amb una línia completa de roba i accessoris per a home, dona i nens; llenceria, fragàncies i regals. Disposa d'una altra botiga al número 63 del passeig.

Caramelo. Fundada el 1969 amb l'objectiu de produir roba de

qualitat que fos impermeable, s'ha convertit en una marca internacional i ha integrat les col·leccions per a dona del dissenyador Antonio Pernas.

La Baguetina Catalana. Menjar per a emportar-se, sobretot entrepans i trossos de pizza, a més de refrescos, a preus molt ajustats.

Tommy Hilfiger. Botiga emblemàtica de la marca nordamericana que va començar fent texans i avui vesteix tota la família amb un estil informal i esportiu.

Banco Popular. Oficina principal a Barcelona d'aquest banc, creat el 1926, dirigit avui per Ángel Ron i orientat sobretot al negoci de banca minorista. Si s'en-

Borsa de Barcelona. Aquest edifici de granit i vidre és la seu corporativa de la borsa de valors de la ciutat, que funciona com a mercat secundari de la Borsa de Madrid.

Diesel. Era coneguda sobretot pels seus texans des de la seva fundació el 1978, però ha esdevingut una de les marques emblemàtiques per a molts joves que també hi busquen roba interior, accessoris i sabates.

tra al vestíbul, es poden admirar dues armadures completes de cavaller flanquejant una escala a mà dreta.

Carrer Diputació direcció Llobregat

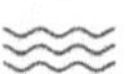

Diputació, 256

Les Golfes. Per a comprar nines tradicionals, de totes les mides i tipus, i elaborades artesanalment aquest és el lloc ideal.

Diputació, 257

Cristal Palace (4*). Aquest hotel té totes les comoditats per a viatges de turisme o de negocis, amb una façana molt vistosa recoberta de grans panells de vidre.

Consell de Cent

Des de Diputació fins a Consell de Cent

Números 21–33

Diputació

21

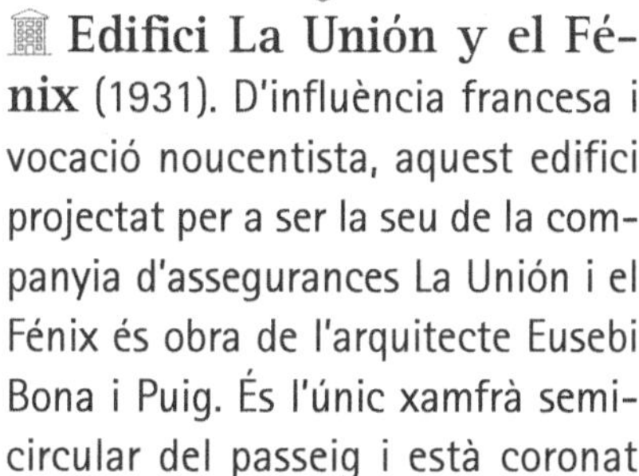 **Edifici La Unión y el Fénix** (1931). D'influència francesa i vocació noucentista, aquest edifici projectat per a ser la seu de la companyia d'assegurances La Unión i el Fénix és obra de l'arquitecte Eusebi Bona i Puig. És l'únic xamfrà semicircular del passeig i està coronat per una cúpula molt característica. Els elements ornamentals són d'inspiració clàssica: l'au Fènix del capdamunt de la cúpula, les dobles columnes de capitells corintis i els grups escultòrics de Frederic Marès, al quart pis, que representen la vida, la indústria, l'agricultura, les arts, la navegació i la mort.

🛍 **Brandy Melville.** Aquesta botiga de moda italiana per a joves es va inaugurar de manera provisional el 2013 com a *pop-up store*, però els resultats van ser tan bons que encara hi és.

🛍 **Tumi.** Nascuda el 1975 com a marca d'accessoris de viatge, ja siguin maletes, bosses de mà o carteres, aquesta firma nord-americana ha anat ampliant el seu catàleg, que ara inclou també productes d'escriptura.

🍴 **La Vaca Paca.** És un veterà restaurant amb terrassa exterior que ofereix bufet lliure continu a preus molt ajustats.

🏛 **Edifici Femina.** Als baixos d'aquest edifici es va inaugurar el 1929 el cinema Femina, amb accés també pel número 259 del carrer Diputació. Va ser reformat per l'arquitecte Antoni de Moragas el 1948 i destruït per un incendi el 1991. L'any 1999, el conjunt fou reconstruït pels arquitectes Carlos Ferrater i Joan Guibernau, que hi van crear uns habitatges funcionals i expressius, amb espais de transició entre allò vell i allò nou.

🛍 **Max Mara / Marina Rinaldi.** «L'estil no és una talla, és una actitud»: amb aquesta frase la modista italiana Marina Rinaldi s'ha guanyat el cor de moltes dones amb siluetes no assumides per la majoria de les marques de moda femenina. Aquesta doble botiga interconnectada acull, a un costat, la moda *prêt-à-porter* per a dones urbanes, contemporànies i amb un alt poder adquisitiu i, a l'altre, les talles més grans; també bosses i complements.

🏛 **Casa Malagrida** (1908). Exemple esplèndid de casa modernista plurifamiliar, obra de l'arquitecte Joaquim Codina Matalí per encàrrec de l'industrial tabaquer de la ciutat d'Olot Manuel Malagrida, que va fer fortuna a Argentina amb la fàbrica de cigarretes Centenario. Per això la decoració de la casa combina una àguila pirinenca amb un còndor dels Andes i compta amb les representacions antropomòrfiques d'Espanya i d'Argentina, amb corona i gorra frígia, respectivament. El pis principal destaca a la façana de manera sumptuosa, amb la balustrada i les tribunes profu-

banyadors i complements per a dones romàntiques, femenines i sofisticades.

COS. Nike. Botiga oficial a Barcelona d'una de les marques esportives més importants del món i que vesteix grans estrelles com ara el tenista Rafa Nadal. Vambes de tot tipus, roba esportiva i complements.

Bcn Design (5*). Per a instal·lar-hi aquest hotel, l'edifici va ser del tot reformat per l'estudi d'arquitectura i interiorisme de Xavier Claramunt, que el va transformar en un petit hotel *boutique* elegant i modern de 65 habitacions.

H.E. by Mango. Una de les quatre botigues de Mango al passeig de Gràcia, aquesta està especialitzada en roba per a home: al voltant de 800 m² de planta baixa i soterrani. *He*, en anglès, significa «ell», i H. E., en llatí, són les inicials de *homini emerito*. Si creieu que sou d'aquells homes mereixedors d'un premi, aquesta és la vostra botiga.

sament decorades amb motius florals. A la part superior s'hi va col·locar una cúpula que recorda una mansarda.

COS. És la marca de gamma alta d'H&M. Una superfície de 600 m², en dues plantes, on es reinventen els clàssics i s'ofereixen les últimes tendències en roba i complements per a homes, dones i nens. Línies marcades, reflex de les arrels escandinaves de la marca, paletes de colors mesurades i una confecció meticulosa, que aporta un toc elegant i contemporani.

Twin-Set Simona Barbieri. Una *boutique* italiana que ofereix les seves col·leccions de roba, llenceria,

Edifici de la Union des Assurances de Paris (1913). Val la pena fixar-se en aquest edifici, obra de l'arquitecte modernista Enric Sagnier i Villavecchia, per la seva

singularitat, sobretot pel que fa a la part superior, que va ser afegida en el moment de convertir l'antiga Escola de les Dames Negres en seu de l'asseguradora Union des Assurances de Paris. Dos cossos verticals acabats en pedra i rematats per uns relleus emmarquen els dos pisos superiors, l'un amb finestres culminades en arcs de mig punt i decoracions de ceràmica i l'altre, amb una galeria oberta sostinguda per unes columnes acabades amb estuc. La planta baixa també es va modificar amb el mateix criteri: els angles del xamfrà, abans massissos, van obrir al carrer unes obertures amb elegants columnes bessones de marbre rosa.

🍴 **Brown 33.** Restaurant italià distribuït en tres plantes i una terrassa al carrer on, a més de les pizzes, pastes i altres plats de la cuina italiana i mediterrània, també s'hi poden degustar bones hamburgueses.

🏢 **Equity Point Centric Hostel.** És un alberg destinat al públic jove, amb habitacions de tot tipus: senzilles, dobles i compartides per a 4, 6 i 8 viatgers.

🛍 **Kiehl's.** Una botiga de cosmètica decorada al més pur estil de Nova York (on va néixer el 1851), amb lletres de neó i reproducció de l'estàtua de la Llibertat inclosa. Tractaments facials, corporals i capil·lars, productes especials per a bebès, productes per a esportistes, protectors solars i la famosa fragància Musk.

Bancs-fanals

És freqüent adjudicar l'autoria dels coneguts *bancs-fanals* del passeig de Gràcia a Antoni Gaudí. Però, tot i el trencadís dels bancs, les formes modernistes i la seva ubicació, res més lluny de la realitat. Els bancs-fanals del passeig, juntament amb els que es poden trobar a altres punts de Barcelona (avinguda Gaudí i passeig Lluís Companys), van ser dissenyats l'any 1906 per l'arquitecte Pere Falqués i Urpí (1850-1916). Es tracta de trenta-dos conjunts escultòrics de ferro forjat en els quals hi destaca l'escut de la ciutat i el característic i recargolat *coup de fouet*, que representa motius florals.

De gran importància a principis del segle xx, durant la urbanització del passeig de Gràcia, aquests fanals han anat perdent protagonisme amb els anys, sobretot a causa de la reforma dels anys setanta, i avui dia, tot i esdevenir un dels símbols del centre de la ciutat, sobreviuen com bonament poden als desperfectes que provoca el nombrós trànsit, rodat i humà, de la zona. Durant la citada reforma, en alguns xamfrans del passeig s'hi van col·locar uns altres bancs fets també amb trencadís blanc, rodons i amb jardineres, però sense fanals, inspirats en els originals de Pere Falqués.

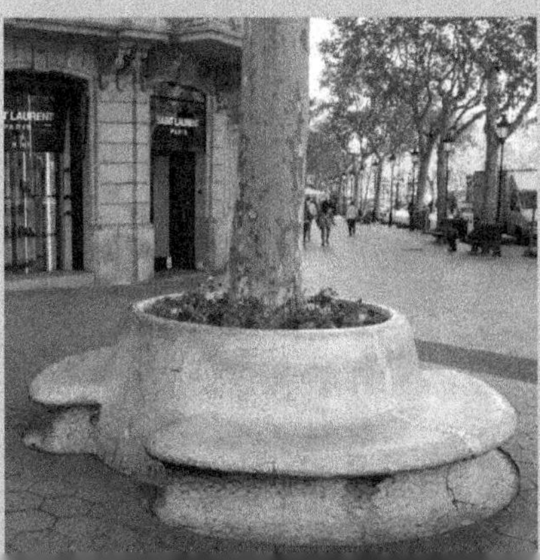

Carrer Consell de Cent direcció Llobregat

≈≈≈

Consell de Cent, 308

🛍 **Torrons Vicens.** És la botiga ideal per a tastar un dels dolços tradicionals espanyols: el torró. Elaborats de manera artesanal des del 1775, actualment, la marca Vicens, provinent del poble de la Catalunya interior d'Agramunt, ofereix torrons de tots els gustos: coco, xocolata, iogurt, crema o massapà, entre d'altres.

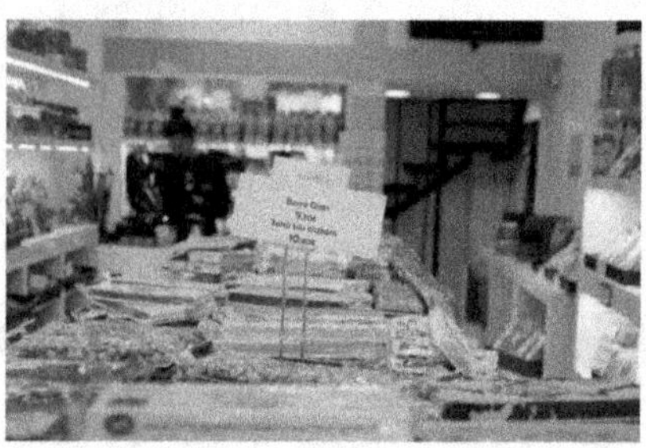

🍴 **La cuina d'en Garriga.** Aquesta botiga de queviures exquisits (formatges, làctics, vins, *foie gras*, xarcuteria, fruita i verdura) i estris per a la cuina va ser idea d'Helena Garriga, que va voler recuperar l'ambient de la cuina de la seva família i va triar el sifó, un envàs per a aigua carbonatada molt popular als anys vint i trenta com a emblema del seu negoci. Atenció, perquè a l'interior hi ha un petit restaurant de poques taules molt *chic*.

🛍 **Majoral.** El joier Enric Majoral va començar a fer joies a l'illa de Formentera als anys setanta, inspirant-se en l'energia i la llum mediterrànies i amb una gran creativitat. Avui, amb el seu fill Roc Majoral, continuen innovant i fent peces que recorden elements naturals com la posidònia, els eriçons de mar o les barques dels pescadors.

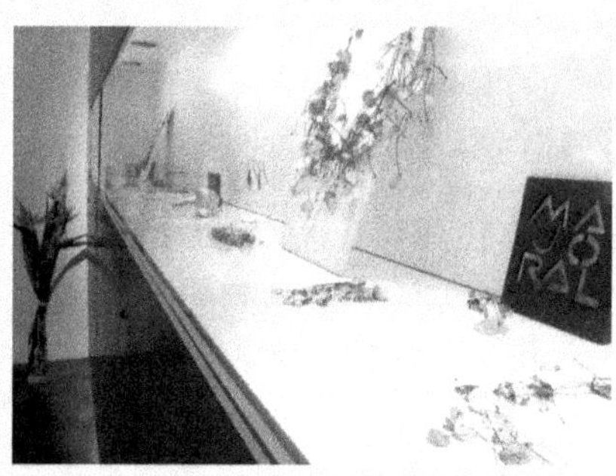

⛰

Consell de Cent, 347

🖼 **Galeria Jordi Barnadas.** Galeria d'art inaugurada el 1992 i especialitzada en artistes contemporanis preferentment figuratius.

Les obres de més de quaranta artistes estan de manera permanent a disposició del públic a la sala d'exposicions de la planta inferior, on es poden trobar olis sobre tela d'artistes emergents o peces d'autors reconeguts.

Consell de Cent, 349

🖼 **Sala Dalmau.** Tot i que en manté el nom, l'actual galeria no té res a veure amb la històrica Galeries Dalmau (1911-1930), que va portar les primeres exposicions cubistes a Barcelona, va acollir artistes estrangers vinguts de París —residents o de pas per Barcelona— durant la Primera Guerra Mundial i va exportar al món l'obra d'artistes catalans com ara Joan Miró. Avui és una galeria, oberta el 1979, orientada a la recuperació dels artistes de les avantguardes històriques i dedicada també a artistes figuratius contemporanis.

🛍 **Tomàs Colomer.** Un vistós rellotge amb aquest nom a l'esfera i clavat a la façana crida l'atenció cap a aquesta joieria, fundada el 1870 i que avui és comandada per la cinquena generació de la família Colomer. Joies i rellotges clàssics d'alta gamma.

Consell de Cent, 351

🛍 **Aristocrazy.** Aquesta és la marca juvenil de la joieria Suárez, original de Bilbao però instal·lada a Madrid des del 1982 i especialitzada en joieria i rellotgeria de luxe. Aristocrazy és, des del 2010, l'aposta per un públic amb menys poder adquisitiu i de gustos més extrems. Ocupa els 200 m² d'aquesta botiga, on es conserven els elements originals d'una antiga farmàcia.

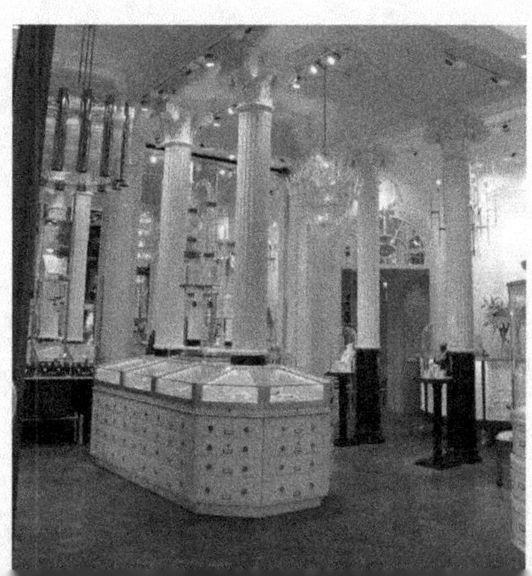

La Mansana de la Discòrdia

La Mansana de la Discòrdia proporciona als nostres arquitectes més importants l'oportunitat de superar-se en el deliri.

L'industrial Rafael Puget a l'escriptor Josep Pla a *Un senyor de Barcelona* (1945)

Amb aquest apel·latiu, que jugava amb el doble sentit en castellà de la paraula *manzana* ('poma', en referència a una discòrdia clàssica entre déus grecs i a una illa de cases), els barcelonins de principis del segle xx van batejar el tram de passeig de Gràcia que va entre els carrers del Consell de Cent i d'Aragó. Estaven atònits de veure com, successivament, tres dels millors arquitectes del moment havien reformat de manera extraordinària les façanes de tres edificis propietat de grans burgesos: primer va ser Josep Puig i Cadafalch qui, el 1901, va rebre l'encàrrec d'un fabricant de xocolata, Antoni Amatller i Costa, perquè reformés el número 41. El resultat va ser la **Casa Amatller**, rematada amb un esgraonat molt provocatiu i característic, que tan aviat remet a influències formals dels Països Baixos, com pot recordar una tauleta de xocolata esmicolada. Quatre anys més tard, el 1905, era Lluís Domènech i Montaner qui projectava l'esplèndida **Casa Lleó Morera** al número 35, fent xamfrà amb Consell de Cent. A l'angle del coronament hi va col·locar un templet espectacular, i va omplir la façana de relleus femenins, entre els quals destacaven dues figures femenines recolzades a sengles vasos gegantins que eren tan a prop dels vianants (a la part inferior de la façana) que van fer néixer comentaris i anècdotes sucoses. Un bidell de la universitat, quan va rebre l'encàrrec de portar un paquet a aquella adreça, va preguntar-li al catedràtic: «No deu pas ser aquella casa on hi ha unes noies agafades

a una pila d'aigua beneita?». Però encara faltava la tercera casa en discòrdia, la **Casa Batlló,** i aquesta va ser Antoni Gaudí i Cornet qui la va entomar. Al costat de la Casa Amatller, l'empresari tèxtil Josep Batlló va donar carta blanca a l'aleshores jove arquitecte, que va desplegar tota la seva imaginació i creativitat en una façana plena d'elements orgànics i misteriosos, que també van fer córrer les interpretacions: era una representació del Carnestoltes, amb els seus antifaços i confeti? La interpretació més àmpliament reconeguda és la que li atribueix la simbologia de la lluita de Sant Jordi (patró de Catalunya) contra el drac, l'esquena del qual seria tot el coronament de ceràmica acolorida. Balcons i columnes representarien els ossos que el drac guarda a la seva cova, i la torre rematada en creu simbolitzaria la llança del guerrer. «He visitat la Casa Batlló i encara em sembla un somni. En el seu interior, totes les línies són corbes. Hi ha sostres que semblen aspiradors. Hi ha innombrables formes copiades dels bolets», diu el protagonista del llibre *Un senyor de Barcelona,* de l'escriptor Josep Pla, astorat davant la gosadia arquitectònica i decorativa del geni d'Antoni Gaudí. El contrast d'estils entre les tres va generar, a més d'un dels trams de carrer amb més concentració de talent i originalitat del món, una disputa molt popular que va omplir els diaris satírics de principis del segle xx.

Des de Consell de Cent fins a Aragó

Números 35-45

35

🏛 🏛 **Casa Lleó Morera** (1906). Batejada com a «un Palau de la Música en miniatura», aquesta casa és una de les joies del modernisme de la ciutat. Obra del mateix arquitecte que el temple de la música, Lluís Domènech i Montaner, destaca sobretot pel templet superior —que excedia l'alçada permesa per l'Ajuntament de Barcelona i per al qual es va haver de demanar un permís—, i per la profusa decoració

de la façana, on es poden identificar diverses representacions de la fulla de la morera (en al·lusió al cognom de la família) i figures de petits dracs. Però el més impressionant és l'interior: vitralls, mosaics, ceràmica, escultura, fusta, marbre, esgrafiats, etc., elaborats per artistes i artesans com ara l'escultor Eusebi Arnau, el mosaïcista Mario Maragliano o l'ebenista Gaspar Homar, on les diferents arts aplicades brillen amb llum pròpia. Des del 2014, la planta noble de l'edifici és oberta al públic: hi ha quatre torns diaris

per a vint-i-cinc persones cadascun, per als quals és recomanable reservar amb antelació.

Curiositat: el projecte era un encàrrec del 1902 de Francesca Morera per a reformar l'antiga Casa Rocamora, que datava del 1864. A la seva mort, l'any 1904, el seu fill Albert Lleó i Morera va continuar les obres i va ser qui va acabar batejant l'edifici. Va ser l'únic dels edificis de la Mansana de la Discòrdia que va guanyar un premi de l'Ajuntament de Barcelona.

Loewe. Aquesta clàssica marca de Madrid, fundada el 1846, fa molts anys que ofereix les seves famoses bosses de pell, mocadors,

carteres, *prêt-à-porter* i altres complements identificats per l'elegància i la tradició.

 **Casa Mulleras** (1906). Molt més sòbria i clàssica que les que l'envolten, aquesta casa, obra d'Enric Sagnier i Villavecchia, també és el resultat d'un encàrrec per a renovar-ne una de més antiga, la Casa Ramon Comas (1868), que havia estat adquirida per Ramon Mulleras, que volia posar-la al dia. L'element més destacat és una tribuna del pis principal, que serveix de balcó al primer pis. A sobre, es pot observar una balcona que permet anar a peu per l'exterior, de cap a cap de la casa.

Tenorio. Braseria que es defineix com a practicant de la «cuina mediterrània i mestissa» i ofereix els avantatges d'un emplaçament i una terrassa del tot privilegiats.

Amics del Passeig de Gràcia. Va ser fundada l'any 1952 i és una de les més antigues associacions comercials de la ciutat. Des de la seva seu al segon pis d'aquest edifi-

ci, promou i defensa els interessos dels seus associats i vetlla pel bon estat del passeig de Gràcia.

39

 **Casa Josefina Bonet** (1915). Aquest edifici va ser construït el 1887 però reformat en la seva façana el 1915 per l'arquitecte Marcel·lí Coquillat i Llofriu, que el va dotar d'una estètica més clàssica que la dels edificis que l'envolten. Destaca la tribuna de dos pisos que centra la façana amb finestres envoltades d'arcs i columnes italianitzants.

Museu del Perfum / Regia. Aquesta perfumeria, fundada el 1928, a més de les millors marques de cosmètica i perfumeria, guarda una sorpresa al fons del local: el Museu del Perfum, un originalíssim viatge a través de la història de la mà dels flascons de perfum. Inaugurat el 1961, és un gran museu desconegut per molts barce-

Horari: dilluns a divendres: 10:30–20 h. Dissabte: 11–14 h. Diumenge i festius tancat
Preus: entrada: 5 € / Entrada reduïda: 3 €
Informació: 932 160 121
www.museudelperfum.com

Bus: 7, 16, 17, 22, 24, 28. Bus Turístic, rutes nord i sud
Metro: L1 (Catalunya), L2 (Passeig de Gràcia), L3 (Catalunya, Passeig de Gràcia), L4 (Passeig de Gràcia)
FGC: Provença-La Pedrera
Renfe: Plaça Catalunya, Passeig de Gràcia

lonins, i una ocasió única per a admirar les més de cinc mil peces que hi ha exposades, entre recipients antics i moderns, miniatures, catàlegs, etiquetes i material publicitari antic.

Pans&Company. Cadena catalana d'entrepans de qualitat i de preu ajustat nascuda el 1991 a Barcelona, amb vuit establiments a la ciutat. Si es vol menjar en poc temps, és una bona opció.

Casa Amatller (1900). Per encàrrec de l'industrial xocolater Antoni Amatller i Costa, que volia transformar un edifici del 1875, l'arquitecte Josep Puig i Cadafalch va apostar per donar-li l'aparença de palau gòtic urbà. En aquesta edificació modernista va combinar el gòtic català amb el dels palauets urbans dels Països Baixos, i hi va afegir detalls d'inspiració medieval. El més sorprenent de l'edifici és la finalització superior esglaonada de la façana. El conjunt escultòric de la tribuna va ser realitzat principalment per Eusebi Arnau, que és autor del Sant Jordi que mata el drac que hi ha entre les dues portes asimètriques de l'entrada i de les representacions d'animals i de les persones que representen les quatre grans arts

aplicades: pintura, escultura, arquitectura i música. La Casa Amatller és ara un museu que permet conèixer la vida quotidiana d'una família de la burgesia barcelonina als inicis del segle xx.

Està declarada bé cultural d'interès nacional des del 1976.

⌂ Fundació Institut Amatller d'Art Hispànic.

Al segon pis de l'edifici es troba aquesta entitat, fundada pels descendents de la família Amatller i dedicada a la promoció i la recerca de la història de l'art hispànic. És possible consultar la seva biblioteca amb més de 26.000 volums i un arxiu fotogràfic amb mig milió de fotografies històriques. La col·lecció de l'Institut inclou uns 400 objectes de vidre, peces arqueològiques de l'època romana, pintures i escultures medievals i barroques; així com mobiliari, exemplars d'indumentària litúrgica, tapissos i pintures d'artistes com ara Ramon Casas i Lluís Graner, entre d'altres.

Preu: entrada general: 10 €

Informació i reserves: 670 466 260
www.casessingulars.com
casessingulars@casessingulars.com

Biblioteca: dilluns a divendres: 10-15 h. Dissabte, diumenge i festius tancat
www.amatller.org

Bus: 7, 16, 17, 22, 24, 28. Bus Turístic, rutes nord i sud
Metro: L1 (Catalunya), L2 (Passeig de Gràcia), L3 (Catalunya, Passeig de Gràcia, Diagonal), L4 (Passeig de Gràcia)
FGC: Provença-La Pedrera
Renfe: Plaça Catalunya, Passeig de Gràcia

 La joieria modernista per excel·lència, amb joies que representen la figura femenina i la natura, però també referents contemporanis, ocupa un dels locals més exclusius de tot el passeig. Bagués-Masriera, des del 1839, ha convertit les joies en veritables obres d'art. Coincidint amb l'expansió internacional de la marca, que ha arribat fins al Japó, el 2010 van remodelar l'edifici on hi havia hagut el taller original, al número 105 de La Rambla, i hi van obrir l'hotel *boutique* Bagués, amb una sala museu que acull la col·lecció de joieria Masriera.

43

Casa Batlló (1906). Aquesta fabulosa casa, que tant pot recordar un drac ajagut com una calavera o una disfressa de carnestoltes, és obra del genial arquitecte Antoni Gaudí i encàrrec de l'empresari tèxtil Josep Batlló, que va voler remodelar un edifici convencional construït el 1877. El més espectacular és la façana, elaborada amb ferro forjat, ceràmica, pedra i trencadís de vidre, per a la qual Gaudí va comptar amb la col·laboració dels millors artesans del moment, que van ajudar-lo a fer realitat detalls com els balcons en forma de màscares, la teulada que fa d'esquena del drac coronada amb rajoles de diferents colors o els pilars i les columnes de les finestres que en representen els ossos. Una visita a l'interior, expressió de sensualitat i harmonia, és més que recomanable

Façana posterior de la Casa Batlló

per a admirar-ne la decoració a més de visitar-ne el terrat i el soterrani. Hi ha cafeteria i botiga de marxandatge, i servei d'audioguia. S'hi pot accedir tots els dies de l'any. També és possible llogar-ne alguns espais

per a la celebració d'esdeveniments de tot tipus.

Està declarada bé cultural d'interès nacional des del 1962 i Patrimoni Mundial de la Unesco des del 2005. **Curiositat:** quan el 1905 la firma francesa Pathé Frères, distribuïdora d'un producte tan innovador com el cinematògraf, va voler instal·lar-se a Barcelona, ho va fer als baixos de la Casa Batlló. Quan l'edifici estava gairebé acabat, el 1907, el fill del soci del senyor Batlló, Pere Milà, el va poder visitar i admirar. En conèixer l'arquitecte, li va assegurar que el proper encàrrec seria el seu. No sabien que estaven parlant de la joia del modernisme català, la futura Casa Milà, més coneguda com La Pedrera.

45

 **Barclays.** Al xamfrà del passeig de Gràcia amb el carrer d'Aragó, a un edifici residencial que té els seus orígens el 1879, hi ha les oficines centrals a Barcelona d'aquest banc britànic.

Fundació Antoni Tàpies

Aquest és el museu, centre cultural, arxiu i seu de la fundació d'un dels pintors catalans més importants del segle xx, Antoni Tàpies (1923-2012), representant de l'informalisme i les avantguardes, que va crear una forma d'expressió pròpia en la qual es combinen tradició i innovació dins d'un estil abstracte però ple de simbolisme, que dóna una gran rellevància al substrat material de l'obra.

Aquí és possible admirar l'exposició permanent de l'obra de Tàpies, a més d'exposicions temporals. La Fundació, creada per Tàpies l'any 1984 per a promoure l'estudi i el coneixement de l'art modern i contemporani, combina l'organització d'exposicions temporals, simposis, conferències i cicles de cinema amb l'edició de publicacions que acompanyen les activitats i les mostres periòdiques dedicades al gran artista català.

La col·lecció està constituïda majoritàriament per pintures, escultures, dibuixos, llibres i gravats que mostren les vessants artístiques de Tàpies, així com les diverses tipologies, tècniques i materials que va fer servir durant la seva carrera.

L'edifici de la Fundació

1879: l'editor Ramon Montaner encarrega la construcció d'un edifici al seu nebot, Lluís Domènech i Montaner (1849-1923) per a la seva editorial, Montaner i Simon. L'edifici esdevé una de les primeres mostres del modernisme arquitectònic barceloní. És el primer que integra el maó vist i el ferro, que gràcies a la

seva resistència i levitat permet crear espais en plantes més lliures i més grans. Tot i l'ús de materials eminentment industrials, l'estructura de l'edifici és la d'un palau, amb el seu impluvi central. La façana incorpora un seguit d'elements simbòlics que emfatitzen la modernitat industrial de l'editorial. Quan, el 1981, l'editorial va haver de tancar les portes, Antoni Tàpies va visitar l'edifici i es va adonar de les possibilitats que tenia per al projecte de la Fundació Antoni Tàpies.

1986-1990: les obres de rehabilitació i condicionament de l'edifici van ser a càrrec de Roser Amadó i Lluís Domènech Girbau. Amb la intenció d'elevar l'altura de l'edifici, que havia quedat tancat entre les parets mitgeres de les cases contigües, i

per a subratllar-ne la nova identitat, Antoni Tàpies ideà una escultura que corona l'edifici, *Núvol i cadira* (1990), feta amb la col·laboració tècnica de Pere Casanovas, que va encendre una gran polèmica ciutadana. El juny del 1990 s'inaugura la nova seu de la Fundació.

2008-2010: l'estudi Ábalos+ Sentkiewicz Arquitectos va dur a terme una segona reforma de l'edifici per a adequar-lo a les normes actuals d'accessibilitat i per a recuperar el seu caràcter industrial original. En aquesta ocasió, s'instal·la l'obra d'Antoni Tàpies *Mitjó* (maqueta, 1991; obra, 2010) a la terrassa de la Fundació, situada al capdamunt del nou edifici d'oficines.

Carrer Aragó direcció Llobregat

Aragó, 272

🛍 **Servei Estació.** Entrar a l'edifici suposa un festival cromàtic per als ulls i un de tàctil per a les mans. És una botiga històrica del centre de la ciutat, que va obrir com a benzinera i botiga de recanvis i serveis per a automòbils el 1928, anomenada Service Station. Durant la Guerra Civil va ser col·lectivitzada i, amb l'arribada de la dictadura del general Franco, es va haver de castellanitzar el nom, que va passar a ser Servicio Estación. A les dècades de 1950-1960 es va diversificar el negoci i s'hi van introduir bicicletes, motocicletes i el món de la ferreteria. Ha evolucionat fins a convertir-se en un lloc de referència on anar a buscar materials i solucions relacionades amb el bricolatge, la decoració i el disseny de la llar o els espais empresarials i comercials. L'última reforma, el 2010, va modernitzar del tot la botiga, que va merèixer el Premi al Millor Establiment Comercial de la ciutat de mans de l'Ajuntament. Continua oferint tota mena de plàstics, fustes, suros, metacrilats, catifes o hules a qui en necessiti o a qui simplement vulgui gaudir una estona de formes i colors infinits. A la segona planta es pot accedir a un pati des d'on es poden veure les façanes del darrere de la Casa Batlló, la Casa Amatller i, més lluny, la Casa Lleó Morera.

Aragó, 261

🍴 **Mussol.** Restaurant de cuina catalana per a gaudir de verdures de temporada i carns preparades amb receptes tradicionals.

Aragó, 255

🏛 **Fundació Antoni Tàpies.** Vegeu el comentari destacat a les pàgines 48-49.

Des d'Aragó fins a València

Números 47–59

Desigual. S'ha fet un lloc al mercat espanyol i internacional amb campanyes publicitàries a vegades polèmiques. Ofereix una roba d'estil molt informal i acolorit, que omple molts armaris.

Max & Co. És la marca més assequible de la casa Max Mara. Ofereix peces per a vestir el dia a dia d'una dona urbana i elegant, amb siluetes marcades i netes inspirades en la costura italiana. Atenció als mobles que decoren aquesta botiga i que li donen un aire molt propi dels anys cinquanta.

 **Sisley.** L'alta costura de la família d'United Colors of Benetton presenta unes col·leccions urbanes i informals però elegants, amb tots els complements necessaris.

Hackett. És una marca britànica que convida a vestir els seus clients, adults i nens, com els *gentleman* d'aquell país. Aquesta botiga disposa de 320 m² repartits en dues plantes decorades amb fusta fosca, moqueta i llum tènue, que dona un aire de serietat a l'ambient. Compta amb emprovadors privilegiats amb vistes al passeig.

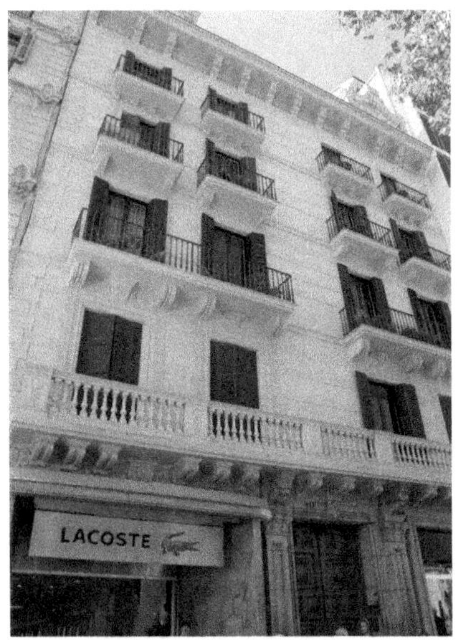

Rocamora Apartments. Per a estades a la ciutat que es volen viure com si es fessin en pisos senyorials de l'Eixample, amb les motllures, els paviments hidràulics i l'ascensor tradicional.

 **Liu Jo.** Aquesta marca italiana dels germans Marco i Vannis Marchi, des del 2012 ofereix el seu estil refinat i glamurós en roba, sabates i complements per a dona, també amb una línia exclusiva per al públic infantil.

53

Puma. Aquesta és la botiga per als fans de les sabates esportives d'edició limitada. També hi ha roba esportiva i complements.

53

Bulevard Rosa. Centre comercial amb dues boques d'entrada al passeig de Gràcia (també als números 55-57), dues més al carrer paral·lel, la rambla de Catalunya, i dues més als carrers Aragó i València. S'hi troben

51

Lacoste. És una de les marques més icòniques. Fundada el 1933 pel campió de tennis francès René Lacoste, que va inventar-se el polo que encara avui és la insígnia de la marca, en el qual s'hi va brodar un cocodril perquè aquest era el malnom amb què l'havien batejat els periodistes esportius. Avui ofereix roba esportiva per a homes, dones i nens, així com calçat, fragàncies i complements de tot tipus. **Curiositat:** els baixos relleus que s'observen a banda i banda de l'entrada de la botiga són obra d'un escultor català important, Frederic Marès, i es titulen *El treball.* Van ser elaborats el 1950 per a una antiga oficina del Banco Hispano Americano, que ha estat substituïda per la botiga Lacoste.

més de seixanta botigues dedicades a la moda, la cosmètica, el calçat, les joies, els complements o l'alimentació, a més de cafeteries i restaurants. **Curiositat:** en aquest solar va haver-hi un dels més elegants cafè-restaurant de la ciutat: el Salón Rosa. Inaugurat el 1932, va ser un punt de trobada de l'alta societat barcelonina fins al 1974, quan es va enderrocar l'edifici.

Fishop. Restaurant per a amants del peix i el marisc, ja sigui a la mediterrània o a la japonesa. Es baixen unes escales per a triar el marisc fresc, que es pot degustar al soterrani o a les taules exteriors del passeig.

55 57

Edifici Publi (1977). Aquest edifici d'oficines, blanc i amb finestres ovalades que li donen un cert aire de nau espacial, és obra de l'arquitecte Josep M. Fargas Falp.

Nespresso. La coneguda marca de cafè ofereix les seves càpsules de tot tipus de sabors i aromes per als propietaris de les cafeteres que permeten fer-se el millor «espresso» sense sortir de casa.

Bulevard dels Antiquaris. Pujant les escales s'arriba a un conjunt de botigues amb peces antigues i de col·leccionista que fan passar una bona estona als aficionats a aquesta mena de mobiliari i objectes.

Orogold Cosmetics. Petit establiment de productes de cosmètica especialitzat en cosmètics fabricats amb partícules d'or col·loide de 24 quirats. El secret de la seva cosmètica és l'or pur.

Bimba y Lola. L'aparador dóna al passeig i una escala condueix cap a la resta de la botiga, que és al soterrani. És una marca de moda espanyola creada el 2005 per les germanes María i Uxía Domínguez. Ofereix una completa col·lecció tèxtil i de complements de moda, amb dissenys originals i estampats únics, en una singular selecció de materials, acabats, colors i siluetes.

59

 **Furla.** Des del 1927 i des d'una vil·la italiana dels afores de Bolonya, la família Furlanetto elabora bosses per a dona amb una doble divisa: simplicitat i bellesa. La mateixa que ha marcat la decoració d'aquesta botiga, on la distribució cromàtica i espacial de les bosses és el principal reclam.

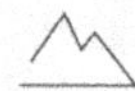 **Rabat Flash.** Sota una estructura que deixa endevinar l'antiga farmàcia modernista Martí Lledó hi ha una de les dues joieries d'aquesta marca al passeig de Gràcia (l'altra és al número 99), també especialitzada en rellotges de luxe. Durant la visita, val la pena admirar el mobiliari que s'ha conservat de l'antiga farmàcia.

Carrer València direcció Llobregat

≋

València, 272

Magerit. Primera *flagship store* d'aquesta joieria de Ramón Jiménez Barbara, fundada el 1994. Es tracta d'una *boutique* de decoració elegantíssima que s'ha de tenir en compte. El nom de la joieria és l'antic nom àrab de la ciutat de Madrid, d'on és originària la marca.

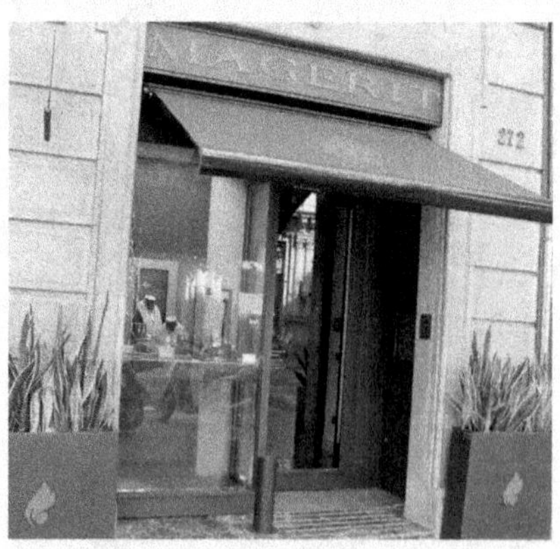

València, 249

Miu Sushi. Pertanyent a una cadena que té altres restaurants a Barcelona, tots de preus ajustats i qualitat més que acceptable, ofereix cuina japonesa clàssica. S'han de baixar unes escales per a accedir al menjador del restaurant, que està decorat amb tons blancs i turqueses.

A vista d'ocell: les terrasses

Quan fa bon temps, normalment de maig a octubre, molts hotels i edificis de Barcelona —també els del passeig de Gràcia— ofereixen la possibilitat de gaudir de la ciutat des d'una situació privilegiada. De dia o de nit, la terrassa Alaire de l'hotel Condes de Barcelona, la Blue View de l'hotel Casa Fuster, al capdamunt del passeig, la Dolce Vitae del Majestic, el Terrat del Mandarin Oriental, o els hotels Royal Passeig de Gràcia, l'Omm, l'Índigo, el Renaissance Barcelona Hotel, el Gallery Hotel o l'H10 Catalunya Plaza obren les seves terrasses a tots aquells que vulguin veure el passeig de Gràcia i Barcelona a vista d'ocell. Altres establiments també són un bon punt d'observació de la ciutat, com la terrassa dels apartaments Suites Avenue Luxe, la dels magatzems El Corte Inglés a la plaça de Catalunya o, molt especialment, el terrat de La Pedrera a les nits d'estiu, quan es programen actuacions musicals. En qualsevol cas, no cal estar allotjat als hotels per a prendre-hi una copa o degustar-hi els menús. Si, a més, es visita la ciutat durant el mes de juny, hi ha la possibilitat de participar en la **Setmana de les Terrasses dels Hotels de Barcelona**, organitzada pel Gremi d'Hotels de Barcelona, en la qual més de seixanta establiments ofereixen festes, actuacions, tallers, exposicions, activitats infantils, propostes gastronòmiques i música en directe.

La Barcelona Shopping Night

Inspirada en la Fashion Night Out de Nova York que la totpoderosa directora de *Vogue* Ana Wintour va projectar per a la ciutat dels gratacels, la Barcelona Shopping Night transforma des del 2010 el passeig de Gràcia en l'escenari ideal per a una nit singular: el trànsit queda tallat, més de vuitanta botigues obren les seves portes i instal·len parades a l'exterior amb exhibicions de peces de moda, degustacions de menjar i beguda, espectacles de tot tipus, *photocalls* perquè tothom se senti estrella per un dia i, és clar, importants descomptes que fan de reclam per a un públic assedegat de bons preus però també d'experiències diferents. Passejar, badar i comprar: les tres activitats que fan del passeig de Gràcia l'autèntic cor de la ciutat de Barcelona, ara també de nit.

Algunes de les activitats que es poden realitzar durant aquesta nit tan especial són: posar davant d'il·lustradors de l'Istituto Europeo di Design, que dibuixen el *look* d'acord amb el perfil i les tendències del «model per una nit», degustar productes personalitzats per xefs tan prestigiosos com ara Carme Ruscalleda o Martín Berasategui, fer-se un tall de cabells solidari, entrar en mil i un sorteigs de lots de productes de bellesa o beques per a estudiar moda a les millors acadèmies de la ciutat. Si s'és més afortunat, es pot assistir a la festa temàtica que uns quants dies abans se celebra al palau de la Virreina, a La Rambla, i que dóna el tret de sortida de les celebracions. L'any 2013, per a commemorar els dos-cents anys del naixement de Wagner, el tema que va decorar tot el palau va ser el *Walhalla,* una peça d'aquest compositor alemany. El mateix any, la Barcelona Shopping Night va rebre la visita de més de 60.000 persones.

Des de València fins a Mallorca

Números 63-73

València

63

 **Guess.** Una de les dues botigues d'aquesta marca originària d'Estats Units al passeig (l'altra és al número 13), per a un estil de vida juvenil, *sexy* i aventurer, amb una línia completa de roba i accessoris per a home, dona i nens, a més de llenceria, fragàncies i regals.

65

 **Casas Jofre** (1910). Aquest edifici va ser encarregat pels germans Josefa i Alexandre Jofre a l'arquitecte Bonaventura Bassegoda Amigó, que va projectar una façana per a unir dues cases. Destaquen els dos cossos laterals més elevats, coronats amb uns capcers florals que fan de torres, on hi ha representada la data 1906, tot i que l'edifici no es va acabar fins quatre anys més tard.

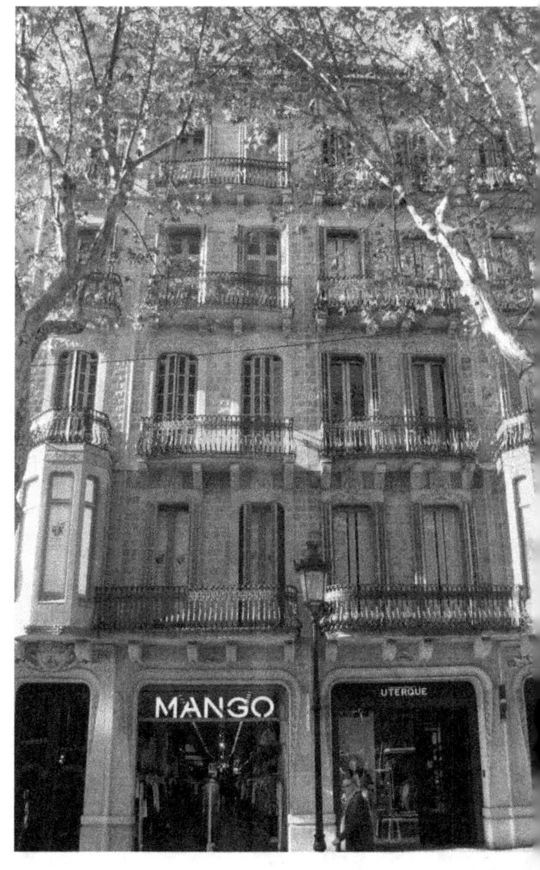

 Mango. És la marca que el conegut empresari català d'origen turc Isak Andic va crear a Barcelona el 1984. Des d'aleshores, s'ha expandit per més de cent països on té prop de 2.000 punts de venda, un dels quals és aquesta botiga de roba i complements per a les dones.

 Uterqüe. La *boutique* de complements nascuda el 2008 té una clara premissa: que els accessoris es converteixin en elements bàsics del fons d'armari femení, entenent com a accessoris tant bijuteria com fulards, marroquineria, cinturons, ulleres, guants i sabates.

 Oysho. És una cadena de *boutiques* de roba interior, moderna, còmoda i a preus assequibles. Aquesta botiga és, per la seva ubicació i disseny, una de les més atractives de la cadena: terra de pissarra, decoració amb tocs orientalistes i emplaçament en un edifici del segle XIX la fan del tot especial.

 Tru Trussardi. És la línia juvenil, urbana i *casual* de l'emblemàtica marca de guants Dante Trussardi, nascuda a Bèrgam el 1911. Des del 2005 ha sabut fer-se un lloc gràcies a un concepte de moda gens revolucionari però molt efectiu. Col·leccions per a home, dona i nens d'estil *chic*, elegant i funcional.

 Majestic Residence. El grup hoteler Majestic va inaugurar el 2011 la remodelació d'aquest edifici en apartaments turístics de luxe, per a estades de llarga durada o per a famílies. N'hi ha un total de 28, d'entre 90 i 170 m^2.

 United Colors of Benetton. L'arxiconeguda marca italiana de roba informal multicolor també té

botiga al passeig de Gràcia, aquí amb el nom complet en lletres de neó.

Cúpula metàl·lica de l'antic observatori de l'Agrupació Astronòmica de Barcelona, Aster

71

🛍 **Escada Sport.** La marca alemanya de moda d'alta costura (que es pot trobar al número 79) s'ha diversificat i ha obert una línia de preus més baixos però igualment *chic.*

Curiositat: si des de la vorera del davant mirem el terrat d'aquest edifici, observarem una cúpula metàl·lica que des del 1953 fins al 2005 va ser l'observatori de l'*Agrupació Astronòmica de Barcelona, Aster,* quan des del passeig de Gràcia gairebé es podia tocar el cel.

🍴 **Moncho's.** És un clàssic de la restauració a Barcelona, on compta amb catorze establiments especialitzats en peix i marisc. Plats i tapes que es poden degustar a la terrassa exterior o a l'interior. Cuina ininterrompuda fins a la 1 de la matinada.

73

🏢 **Condes de Barcelona** (5*). Amb 126 habitacions, piscina exterior, solàrium i salons per a esdeveni-

ments, aquest és un dels hotels més senyorials del passeig. La restauració està supervisada pel xef basc Martín Berasategui, que regenta el restaurant annex Loidi. Té accés a la Terrassa Alaire, bar i cocteleria amb una localització excepcional.

🛍 **La Perla.** Aquesta marca de llenceria italiana de luxe té aquí el seu segon emplaçament a la ciutat, en un local de 250 m². Col·leccions exquisides de llenceria, moda de bany, sabates i pijames. També roba interior i de bany per a homes.

🛍 **Zadig & Voltaire.** Firma de moda francesa de Thierry Gallier, d'ànima parisenca i estil *rock chic* per a persones atrevides: malles, cuir negre, teixits metal·litzats, botins i les famoses «calaveres».

Carrer Mallorca direcció Llobregat

Mallorca, 248-250

🍴 **Loidi.** És un restaurant dirigit pel prestigiós xef basc Martín Berasategui. A la barra és possible degustar alguns dels plats o tapes exquisits a un preu no tan prohibitiu com si es fa a taula.

🍴 **Terrassa Alaire.** Una proposta gastronòmica i musical a la vuitena planta de l'hotel Condes de Barcelona, amb magnífiques vistes de La Pedrera i la Sagrada Família i una selecció de còctels, tapes i entrepans.

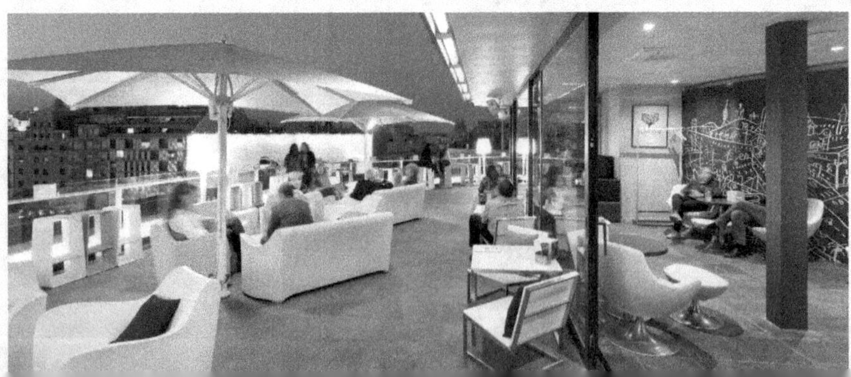

🛍 **Queviures Jordi Forcada.** Un dels últims reductes del comerç tradicional de barri, fundat el 1875 per Josep Forcada i Davi, i precedent dels actuals supermercats. Encara duen la botiga membres de la quarta generació de la família que la va inaugurar, i que ha alimentat les cases senyorials del passeig de Gràcia i la rambla de Catalunya durant més de cent anys.

🍴 **Lasarte.** Restaurant situat als baixos de la Casa Enric Batlló, que forma part de l'hotel Condes de Barcelona, però d'accés lliure. Tancat per reformes durant el període 2014-2015.

🏛 **Casa Àngel Batlló.** Conjunt de tres edificis amb façana unitària, alçats l'any 1896, destinats a un dels germans de la família Batlló, i projectats per l'arquitecte Josep Vilaseca i Casanovas. La façana consta de sis cossos idèntics, coronats amb un arc apuntat sobre columnes, que es relliguen horitzontalment amb les balcones del pis principal i del superior. Els interiors dels arcs i de les pilastres que separen els sis cossos estan ornamentats amb esgrafiats de motius florals.

🏨 **Alexandra Barcelona a Double Tree by Hilton** (4*). Un hotel de disseny funcional, càlid i modern, on es cuida al màxim cada detall. Disposa de quatre sales per a esdeveniments i celebracions.

🍴 **Da Luca.** Un restaurant de caràcter genovès, especialitzat en la cuina italiana de la regió de Ligúria, ofereix tradició i excel·lència culinària.

Santa Eulalia, la botiga de moda amb més història de la ciutat

Aquest és el temple de les botigues tradicionals de Barcelona. El 1843, Domingo Taberner Prims va obrir la primera botiga Santa Eulalia, el nom de la qual remet a la patrona de la ciutat, a La Rambla, al Pla de la Boqueria, i el 1926 va celebrar la primera desfilada d'alta costura. El 1941 l'empresa es va ampliar amb un nou establiment al número 60 del passeig de Gràcia. El 1944 va tancar la botiga de La Rambla i se'n va obrir una altra, només per a homes, a l'actual emplaçament del passeig de Gràcia, 93. La dècada

dels seixanta viuria l'ampliació del negoci a marques femenines i a les primeres col·leccions *prêt-à-porter*, celebrant-se desfilades a la mateixa botiga, amb tant d'èxit que es van exportar a Nova York i la ciutat marroquina de Tànger. El 1995 va veure l'última desfilada d'alta costura a la botiga i, a partir del 2006, es van rellançar les col·leccions de moda *prêt-à-porter* femenina.

Després d'una remodelació encarregada a l'arquitecte nord-americà William Sofield, el 2011 va reobrir la nova Santa Eulalia, un establiment cosmopolita i ple de tradició, digne d'una visita.

A Santa Eulalia cada element és un regal per a la vista, des del seu logotip, pur *art déco* creat el 1926. En els

més de 2.000 m² que ocupa, disposa de restaurant, cafeteria i terrassa exterior al pis superior, una *pop-up store* i uns espais molt amplis per a les col·leccions d'home i de dona. És obligat baixar a la planta inferior per a admirar la feina dels sastres, que prenen les mides dels clients per a confeccionar camises i pantalons. Cal aturar-se un moment a observar els patrons de cartró dels clients que es conserven, classificats per ordre alfabètic. El pis superior llueix entre vitrines, miralls bisellats, taulells d'aire *retro* i sofàs capitonats de vellut. La tasca d'investigació i de recuperació de la tradició històrica de la botiga ha estat minuciosa: part del mobiliari prové de la primera Santa Eulàlia del Pla de la Boqueria. S'han aprofitat parts de l'ascensor dels anys vint, així com cadires i taulells *art déco*. Els aparadors i l'escala de roure provenen de la botiga de passeig de Gràcia, 60. Al cafè, la barra prové d'un antic bar de Tolosa, les cadires Thonet s'han entapissat amb una reedició d'un històric estampat Liberty i les taules són de marbre serigrafiat amb peus de ferro forjat. A la terrassa enjardinada, les cadires metàl·liques Tolix tenen un disseny del 1927.

No tot són recuperacions, però: atenció a les dues cadires model Barcelona entapissades en color groc situades en una de les entrades, a més de les enormes làmpades de suspensió de cristall de la façana, dissenyades per Miguel Milà. Un autèntic festival per a la vista i una experiència inoblidable.

Provença Provença

Des de Mallorca fins a Provença

Números 75-87

Mallorca Mallorca

75

Casa Enric Batlló (1896). Projectada per l'arquitecte Josep Vilaseca i Casanovas, es tracta d'una casa noble que combina el maó vist amb la pedra i els plafons ceràmics. El pis principal llueix una tribuna exterior molt elegant amb detalls ornamentals de pedra i medallons amb motius heràldics, a més de les decoracions inferiors dels balcons, fetes de ceràmica. Els elements decoratius en ferro forjat que destaquen a les baranes i a la façana estan dissenyats per Lluís Domènech i Montaner. La terrassa superior, que

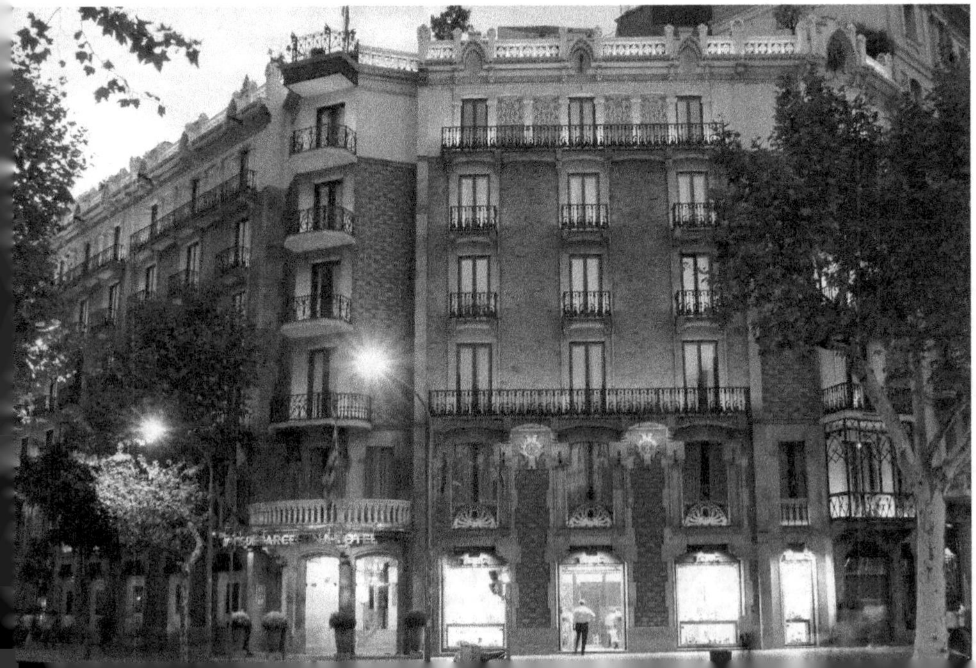

compta amb una petita piscina, és accessible i ofereix unes vistes privilegiades del passeig de Gràcia. (Durant el període 2014-2015, l'edifici està tancat per reformes de l'hotel Condes de Barcelona, que reobrirà convertit en un cinc estrelles de màxim luxe.)

Curiositat: si s'és mitòman literari, cal fixar-se bé en els clients que es poden trobar al restaurant, la cafeteria o el vestíbul de l'hotel, perquè es pot tenir la fortuna que siguin escriptors com ara Paul Auster o Martin Amis, l'editorial espanyola dels quals, Anagrama, els allotja sempre en aquest hotel.

Tous. Aquest és un dels establiments de la joieria Tous al passeig (l'altre és al número 18). Fundada el 1920, amb seu central a Manresa, és la distribuïdora oficial de la marca de rellotges Rolex, i ofereix les seves conegudes joies, bosses i complements.

Novecento. Joieria especialitzada en joies antigues i en la compra i venda d'or.

Casa Josep Borràs (1925). El cos central sobresortit que destaca i forma quatre galeries —la inferior emmarcada per dos plafons esculpits, i les dues superiors, per dos parells de columnes de capitell corinti—, és producte d'una reforma duta a terme per l'arquitecte Francesc de Paula Nebot, que també va afegir-hi la planta superior.

🛍 **Hermès.** Amb 254 *boutiques* arreu del món, va néixer el 1837 a París com a botiga de complements per a l'equitació i encara és en mans dels descendents de la família Hermès. S'enorgulleix de fabricar les seves bosses de pell de manera del tot artesanal i amb un luxe que fuig de l'ostentació. Aquí es poden admirar dues de les seves creacions més immortals: les bosses Birkin i Kelly, batejades en honor de les actrius Jane Birkin i Grace Kelly, a més d'una àmplia selecció dels famosos perfums, corbates, mocadors, rellotges i joies. Val la pena aturar-se a contemplar l'aparador, que acostuma a ser molt especial.

79

🏢 Singular edifici de façana blava que aplega dos establiments:

🛍 **Escada.** Una idea del 1976 ha triomfat arreu del món: el *chic* de l'*haute couture* també pot democratitzar-se o, si més no, intentar-ho. Els alemanys Margaretha i Wolfgang Ley en van ser els fundadors, i avui, que ja no hi són, la marca ha ampliat el seu radi d'acció amb l'aparició d'Escada Sport, però l'esperit de «luxosa sofisticació i alegre escapisme» amb què es va definir es manté encara com a lema. Roba i complements per a

dones que volen gaudir d'elegància i glamur actuals.

🛍 **Karen Millen.** La marca britànica nascuda el 1981, es va instal·lar al passeig de Gràcia el 2010 amb aquesta botiga que combina el platejat i el vidre. Moda urbana i funcional, complements i sabates amb un toc glamurós. Per a dones.

81

🛍 **Stuart Weitzman.** Sabateria batejada amb el nom del seu dissenyador alemany. És una de les més luxoses del món, amb botigues a Milà, Nova York i París, entre altres ciutats. S'atreveix amb tot tipus de materials (suro, plàstic, vinil i paper de paret, però també or de 24 quirats) i fins i tot ha dissenyat una línia *elegant espadrille*, que permet comprar una reelaboració de les mítiques «camping» per 315 €: mai la nostàlgia havia estat tan cotitzada. Per a la *boutique* de Barcelona, d'un blanc

resplendent, els decoradors han creat un espai que recorda el de La Pedrera, amb ondulacions a les parets.

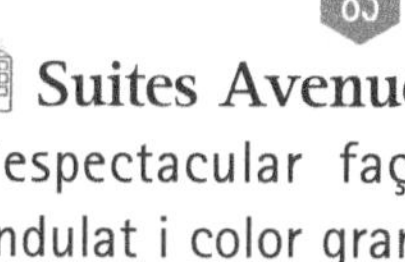

83

Suites Avenue Luxe (2009). L'espectacular façana d'alumini ondulat i color granat que cobreix aquest edifici d'apartaments de luxe és obra del prestigiós arquitecte japonès Toyo Ito. Dialoga amb la façana de La Pedrera, que queda a l'altra banda del passeig de Gràcia: la vista de l'edifici de Gaudí des de dins dels apartaments és espectacular. Són 41 apartaments ideals per a estades de mitjana i llarga

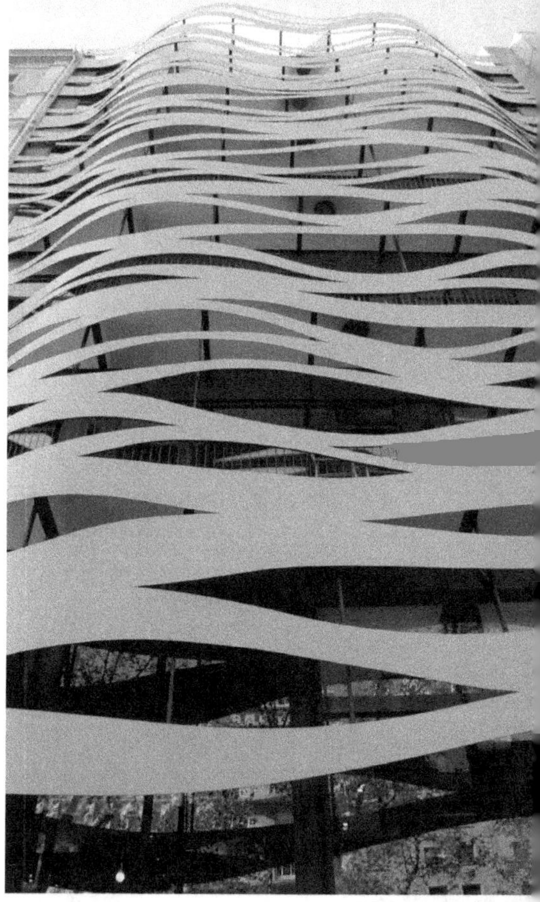

duració, que compten amb gimnàs, sauna, piscines exteriors, solàrium, terrassa comunitària, salons per a reunions, pàrquing i fins i tot un museu que exhibeix obres d'art hindú i budista.

Curiositat: fins a la seva remodelació el 2008, aquest va ser l'edifici d'oficines Europa, construït el 1962 després d'enderrocar la casa modernista Viuda Almirall.

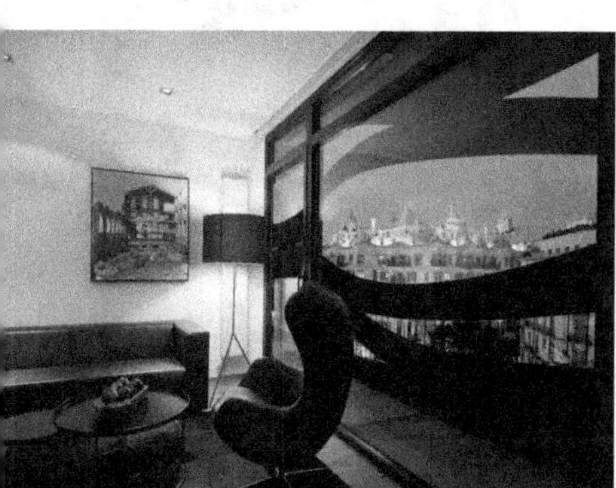

🛍 **Hugo Boss.** El que va començar el 1924 en un poblet d'Alemanya com a una petita botiga de roba per a home s'ha convertit en marca mundial de roba masculina i femenina de tall clàssic i factura moderna per a joves executius, que també hi poden trobar la roba per al cap de setmana. Aquesta és la seva botiga principal a Barcelona i compta amb seccions per a home i dona repartides en dues plantes. Les colònies i els perfums que el 1984 van donar un nou impuls a la marca hi són ben representats, amb clàssics com ara Boss Bottled o Hugo: Hugo Boss. El seu eslògan per a anunciar-los resumeix l'esperit de la marca: «No espero l'èxit. M'hi preparo».

87

🛍 **Carolina Herrera.** Fent xamfrà amb el carrer Provença, un seguit de tendals vermells amb les conegudes inicials CH cobreixen els aparadors d'aquesta botiga de la dissenyadora veneçolana arrelada a Nova York: vestits, pantalons, samarretes, jerseis, jaquetes, sabates, perfums exclusius, ulleres de sol, bosses, joies i mocadors amb personalitat.

🛍 **Circa.** L'àtic amb vistes a La Pedrera d'aquest edifici va ser seleccionat per la marca de joies novaiorquesa per a obrir mercat a Europa el 2012, abans que Milà o Madrid. El secret de l'èxit d'aquesta empresa és el de proporcionar un ambient de luxe i discreció als posseïdors d'una joia de la qual, per un motiu o un altre, es volen desprendre. És el lloc i l'ambient ideal per a realitzar aquesta mena d'operacions.

85

🏛 **AndBank.** Amb una façana espectacular de panells de vidre, aquest edifici conté la seu de l'entitat bancària andorrana amb seu a Luxemburg des del 2010.

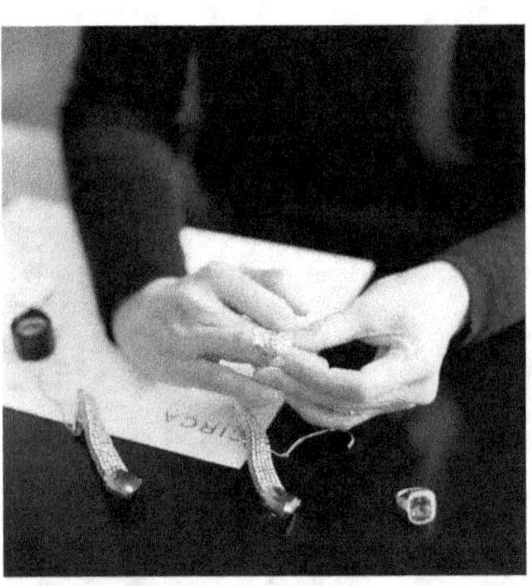

Carrer Provença direcció Llobregat

Curiositat: el carrer Provença feia de frontera entre Barcelona i la vila de Gràcia, i en la cruïlla amb el passeig de Gràcia hi havia un burot, una oficina de recaptació dels drets d'entrada a la ciutat de certes mercaderies. Aquí, el 1830 es va instal·lar la font de Ceres, que avui es pot veure al mirador del Llobregat, a la muntanya de Montjuïc.

rets, pameles i tocats dels anys quaranta, bosses rígides dels trenta o porcellana anglesa del segle XVIII són alguns dels objectes amb màgia que Tatiana Almagro comparteix en aquest racó únic i una mica amagat de la ciutat, al semisoterrani esquerre d'aquest edifici imponent, del qual, abans de baixar a la botiga, es pot admirar l'entrada i l'escalinata que porta cap als pisos superiors.

Provença, 292

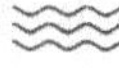 **Purificación García.** La dissenyadora gallega Purificación García va obrir el 2011 una botiga, de més de 300 m², de roba i complements per a homes i per a dones en un espai on regnen la sobrietat i el bon gust característics d'aquesta marca.

Provença, 290

Magnolia Antic. Vestits d'Hermès, Chanel i Pedro Rodríguez, bar-

Cortana. Al semisoterrani dret trobem la botiga de roba de la dissenyadora mallorquina Rosa Esteva, guanyadora del premi T de Telva com a millor dissenyadora espanyola del 2012. Col·leccions sòbries i elegants per a dones.

Provença, 288-286

El Principal. Un dels restaurants amb un enclavament dels més autèntics de l'entorn del passeig de

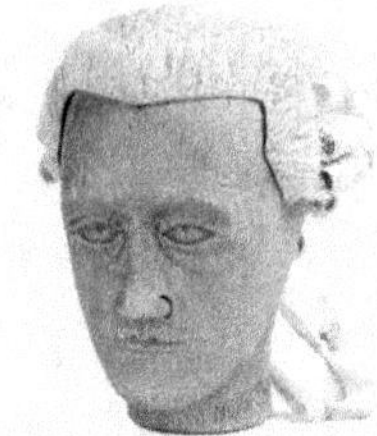

Gràcia: un pis principal de finca senyorial de l'Eixample. Cal visitar el jardí posterior, on també s'hi pot menjar. Hi ha menús de migdia entre setmana i el cap de setmana, i s'ofereix el lloguer de sales i espais per a banquets i celebracions.

Provença, 284-282

Institut Saurina. Centre d'estètica amb més de 1.300 m², distribuïts en tres plantes i 19 cabines, per a tractaments facials i corporals. Inclou una àrea de medicina estètica, Saurina Clinic.

Rambla de Catalunya, 99

Museu de la Perruqueria Raffel Pagés. Un espai per a conèixer el món de la perruqueria i de la imatge de les persones al llarg de la història, en la seva quotidianitat i en les seves expressions artístiques. Objectes d'us personal, artesanies, estris professionals, flascons, gravats, fotografies, joguines, publicacions, documents i un llarg etcètera formen la col·lecció de 4.000 peces del museu. Un recorregut que comença a Mesopotàmia i passa per les cultures egípcia, grega i romana, l'Edat Mitjana, l'afirmació pública de la perruqueria a Europa a partir del segle XVIII, l'època moderna i fins a arribar als nostres dies, quan al segle XX es desenvolupa pròpiament una indústria vinculada a la perruqueria i la cura del cabell.

Horari: dilluns a divendres: 9-18 h. Dissabtes: 9-13 h

Preus (amb visita guiada): individual: 7,50 € / Grups: 3,50 €

Informació i reserves: 932 052 419
museum@raffelpages.com
www.museumraffelpages.com

Bus: 7,16,17, 22, 24, V17, H10
Metro: L3, L5 (Diagonal)
FGC: Provença-La Pedrera
Renfe: Passeig de Gràcia

Provença, 241

Mauri. Aquest establiment amb decoració modernista és una de les millors pastisseries de la ciutat, inaugurada el 1929 per Francesc Mauri. A més, ofereix servei de cafeteria, restaurant, menjar per a emportar-se, xarcuteria i rebosteria salada. Fa cantonada amb l'altra gran avinguda de la ciutat i paral·lela al passeig de Gràcia, la rambla de Catalunya.

Des de Provença fins a Rosselló

Números 89-99

Hoss Intropia. Acolorida proposta de moda espanyola per a dones. Des del 1994, té botigues a més de quaranta països.

Anna Mora. La modista catalana proposa roba per a la dona actual.

 **Ernest Oriol.** Sota uns tendals blau marí al primer pis i unes lletres daurades, aquesta petita joieria garanteix que la gran diferència amb la resta de joieries és que tot el procés, des de la selecció de pedres fins a la fabricació i la venda, està directament supervisat per ells. Des del 1951 fins avui, joies exclusives i de qualitat, servides en un ambient que reprodueix amb èxit una casa burgesa: terra emmoquetat, taules i butaques, bastonera a l'entrada i finestres amb vistes a La Pedrera.

91

Ermenegildo Zegna. Els poms metàl·lics i rectangulars de la doble porta de la botiga emblemàtica d'aquesta sastreria de luxe italiana, inaugurada el 2013, encaixen amb l'elegància d'aquesta marca. La botiga ocupa 360 m² en tres plantes dedicades a les col·leccions Zegna per a cada ocasió: sabates, bosses, fragàncies i complements. A la plan-

ta superior hi ha la sala VIP Couture, amb salons privats decorats amb fusta, i una terrassa.

 **Galeria Loewe.** Aquesta és una de les dues botigues al passeig (la primera és al número 35) de la marca espanyola de bosses de pell i mocadors de seda, oberta el 2014.

93

Santa Eulalia. Vegeu el comentari destacat a les pàgines 62-63.

Passatge de la Concepció

Aquest passatge, al qual s'accedeix passant per sota d'un marc de ferro pintat de color verd, concentra uns quants restaurants i bars recomanables. Si es recorre tot el passatge fins al final, s'arriba a la rambla de Catalunya, el gran passeig senyorial paral·lel al passeig de Gràcia, amb una àmplia vorera central per als vianants, arbres i una bona quantitat de terrasses on menjar a l'aire lliure.

P. de la Concepció, 2
Sushi Shop. Restaurant japonès que fa menjar per a emportar-se.

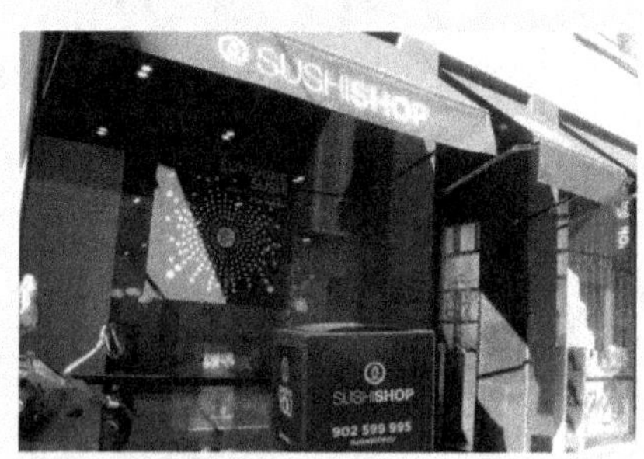

P. de la Concepció, 5
El Japonés. Sota una cascada de color verd hi ha l'entrada d'aquest restaurant de cuina japonesa, amb llargues taules per a compartir en un ambient juvenil.

95

🛍 **Dolce & Gabbana.** Doble porta de vidre per a aquesta firma doble, nascuda el 1985 sota els auspicis de Domenico Dolce i Stefano Gabbana, que vesteixen estrelles globals com ara Madonna, Lady Gaga, Monica Bellucchi o Britney Spears. Se'ls ha definit com els hereus, a la dècada dels 2000, del que va ser Armani als vuitanta o Prada als noranta: els grans estilistes italians que tothom vol imitar. El color negre domina tota la decoració del seu establiment, i dues estàtues enormes d'inspiració oriental reben els compradors de roba, complements, perfums, maquillatge, joies, rellotges i fins i tot mòbils.

P. de la Concepció, 5

🍴 **Tragaluz.** A la planta superior de l'edifici, cuina barcelonina tradicional però avantguardista en un local carismàtic, amb sostre movible per a menjar sota el cel.

P. de la Concepció, 7-9

ⓘ **Turisme de Barcelona.** Seu de l'organisme oficial de turisme de la ciutat, que disposa de nombrosos mapes i prospectes amb informació d'interès.

Horari: diàriament: 8-20 h
Tancat: 1 de gener i 25 de desembre
Informació: 932 853 834
info@barcelonaturisme.com
www.barcelonaturisme.com

Bus: 7, 16, 17, 22, 24, V17, 39
Metro: L3, L5 (Diagonal)
FGC: Provença-La Pedrera
Renfe: Passeig de Gràcia

P. de la Concepció, 10

🍴 **Mordisco.** Un clàssic de la ciutat on menjar cuina mediterrània sana i lleugera, i on es pot trobar menjar per a emportar-se i plats baixos en calories; tot en mans d'una família que el va inaugurar el 1987.

P. de la Concepció, 12

🍴 **Boca Grande.** Restaurant on menjar bon marisc, que té un annex que li fa de bar de copes, **Boca Chica,** de decoració sofisticada i amb una bonica terrassa al pis superior.

Jimmy Choo. Amb més de 150 botigues a tot el món, aquesta sabateria britànica fundada per Tamara Mellon té un lloc al podi de les marques més exclusives, amb el recurs de referents de luxe com ara les estrelles de Hollywood. Les sabates són *sexy* i estan manufacturades a l'estil italià, però també ofereix bosses i complements. En aquesta botiga, amb 114 m², el mobiliari és de plàstic transparent i hi predomina el blanc molt brillant.

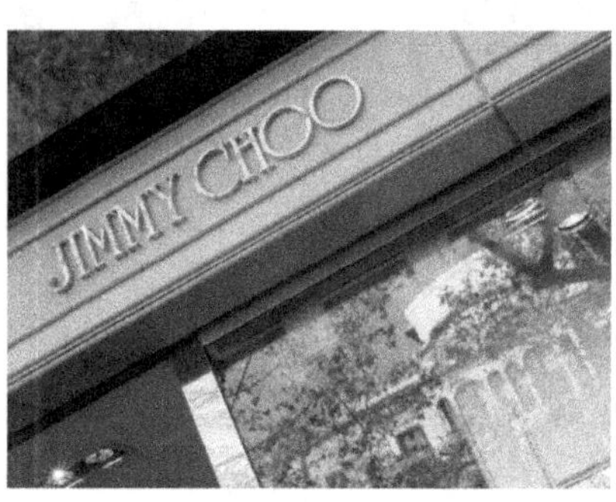

Starbucks. La cadena de cafeteries més famosa del món occidental ofereix la seva llarga llista de cafès i els sofàs on seure per a prendre'ls, a més d'una terrassa exterior.

Montblanc. Sota l'edifici d'habitatges de façana de quadres blancs i marrons renovat el 2009 per l'estudi d'arquitectura OAB, trobem la botiga de la clàssica marca alemanya d'articles d'escriptura, de 300 m² en dues plantes, avui una icona d'articles de luxe: rellotges, joies, ulleres i fragàncies, entre d'altres.

Curiositat: el nom de la mítica ploma Montblanc va sorgir el 1910, durant una partida de cartes en la qual un familiar d'un dels socis fundadors de l'empresa va comparar la perfecció de la ploma amb la de la muntanya més alta dels Alps.

Rabat. Veterana joieria catalana, amb una exposició de dissenys exclusius i distribuïdora de marques d'alta rellotgeria.

Dirk Bikkembergs. Botiga del dissenyador belga de roba d'esport. Té 600 m² distribuïts en dues plantes que representen l'espai ideal per a un home dinàmic, refinat, esportista i *cool*. Atenció als petges de les taules en forma de pilota de futbol.

Carrer Rosselló direcció Llobregat

Rosselló, 255

Nello's Bar. Una hamburgueseria d'estil novaiorquès, amb ingredients innovadors com el garrí de Segòvia o el rap, i un ampli assortiment de cerveses, vins i gintònics.

Rosselló, 249

Gallery Hotel (4*). Una marquesina de vidre i ferro mostra l'entrada d'aquest hotel, que compta amb piscina i la terrassa The Top (oberta d'abril a novembre), salons per a esdeveniments i 110 habitacions amb tota mena de comoditats.

El Cafè del Gallery. El que sembla una galeria que s'endinsa pel lateral de l'hotel Gallery és una cafeteria i un restaurant de cuina mediterrània (amb matèries primeres de km 0), molt agradables i silenciosos, i una terrassa a l'aire lliure a l'interior. El conjunt de globus de llum que pengen del sostre li donen un aire especial.

Des de Rosselló fins a Diagonal

Números 101-107

Marella. Moda italiana per a les dones d'esperit dinàmic i contemporani. Dissenys acolorits i amb glamur, complementats amb bosses i calçat d'excel·lent qualitat.

Samoa. Un clàssic de la restauració de la ciutat. Va obrir com a pizzeria el 1962 i ara disposa d'una carta més àmplia, en la qual també ofereix *delicatessen* com ara ostres amb vi blanc. Disposa de taules a l'exterior.

Lladró. Aquesta *boutique* de dos pisos permet admirar fins a l'últim dels detalls de les famosíssimes figuretes Lladró de porcellana, elaborades a mà i originàries del poble d'Almàssera, al costat de València. Des del 1953, quan els germans Lladró van començar a fer figures de porcellana inspirades en l'estil del segle XVIII, fins avui, el creixement de la marca ha estat exponencial, i està en plena forma: disposa de botigues arreu del món i de noves línies, com ara la il·luminació o la decoració de lavabos. Cal admirar la làmpada col·locada sobre l'escala que comunica les dues plantes de la botiga, així com alguna de les peces úniques d'estil oriental que s'hi exposen. La marca s'està consolidant a mercats emergents, com ara el de la Xina o el de l'Índia.

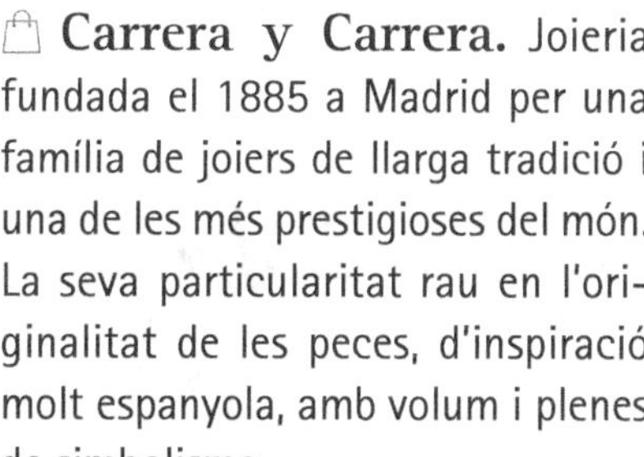

 **Carrera y Carrera.** Joieria fundada el 1885 a Madrid per una família de joiers de llarga tradició i una de les més prestigioses del món. La seva particularitat rau en l'originalitat de les peces, d'inspiració molt espanyola, amb volum i plenes de simbolisme.

103

Imaginarium. Aquesta botiga infantil va tenir l'encert d'idear una porta alternativa per als nens i nenes, d'una mida inferior a la normal, que fa les delícies de tots els qui l'han provada. A dins, joguines i disfresses per als més menuts.

105

 **Conselleria d'Empresa i Ocupació.** Edifici oficial d'aquest departament de la Generalitat de Catalunya.

107

Palau Robert (1903). Vegeu el comentari destacat a les pàgines 78-79.

103

L'alzina del passeig de Gràcia.

És el títol d'una prosa que el poeta Mossèn Cinto Verdaguer va publicar el 1903 com a homenatge a una alzina que creixia a la vorera del passeig, silenciós testimoni de la vegetació de bosc que havia existit al pla de Barcelona. L'Ajuntament va manar tallar-la el 1908, segons alguns perquè molestaria el pas dels tramvies. Avui, al mateix lloc, la succeeix una nova alzina i una inscripció al terra ens recorda un fragment de la prosa d'en Verdaguer:

«Almogàver indòmit, ja sabràs posar-te de filera amb aqueixa tropa de plàtanos, novella, polida, endiumenjada i fatxendera?».

El Palau Robert (1903)

Aquest palau d'estil neoclàssic va ser construït pel marquès i comte Robert Robert i Surís (Barcelona, 1851-Torroella de Montgrí, 1929), un aristòcrata influent, financer i polític, que havia comprat uns terrenys al marquès de Salamanca a la confluència entre el passeig de Gràcia i la Diagonal, i havia fet enderrocar un xalet per a substituir-lo per la seva residència privada. Lluny de l'esperit modernista del moment, va buscar un arquitecte francès, Henry Grandpierre, que havia treballat a l'Exposició Universal del 1900 a París, el qual al seu torn va triar l'arquitecte català Joan Martorell i Montells perquè li dirigís l'obra. El jardí seria dissenyat pel jardiner municipal Ramon Oliva, el mateix que més tard s'encarregaria dels de la plaça de Catalunya, i les palmeres amb què van decorar-lo provenien

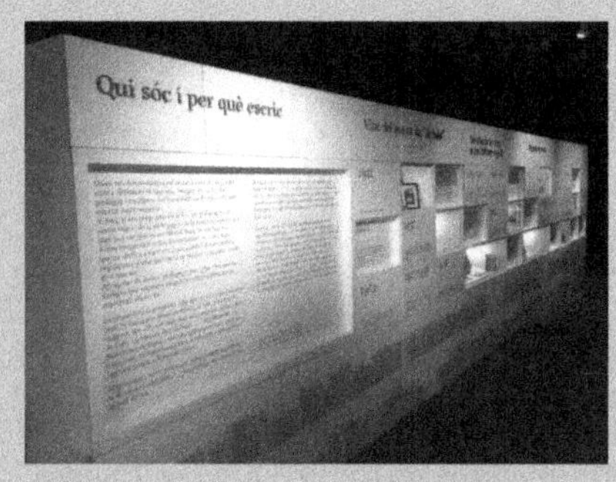

de l'Exposició Universal del 1888. Amb l'esclat de la Guerra Civil el 1936, l'edifici va passar a mans de la Generalitat de Catalunya, i va ser la seu de la Conselleria de Cultura, però això només seria un parèntesi perquè després de la guerra tornaria a la família Robert. Durant els anys successius aniria canviant de propietari fins a acabar en mans del Banco Central, i no va ser fins al 1981 que la Generalitat el va poder tornar a adquirir. El 1997 va obrir les portes

com a Palau Robert, amb vocació de convertir-se en un dels centres d'exposicions de referència de la ciutat. Amb aquest motiu, està dotat de tres sales polivalents on se succeeixen tot tipus de mostres temporals que cobreixen temes tan diversos com la fotografia, la moda, l'empresa o la ciència; una agència de l'Agència Catalana de Turisme que fa de punt d'informació turística de tot el país i de la ciutat; un espai per a concerts, i una llibreria. El 2003 es van rehabilitar les antigues cotxeres, que es van reconvertir en dues sales polivalents, i els magnífics jardins posteriors, i es va substituir el mur que donava al carrer Còrsega per una reixa que és oberta durant el

dia i permet passejar des de la Diagonal fins al carrer Rosselló sota els arbres. Un espai agradable que tan aviat acull actes privats com es transforma en sala d'exposicions a l'aire lliure, i on alguns racons amaguen escultures interessants.

Avinguda Diagonal direcció Llobregat

≋

🏛 **Font de la granota** (1912). Obra d'inspiració naturalista i estil modernista de l'escultor Josep Campeny Santamaria. La pica és feta amb pedra de Montjuïc i l'escultura és de bronze i representa un nen subjectant una granota, la qual fa de broc.

Diagonal, 391

🍴 **Farga.** Fundada el 1957 per Jesús Farga, un pastisser de Lleida, és una de les pastisseries i xarcuteries amb més renom de la ciutat. Aquesta emblemàtica botiga disposa, a més, de cafeteria i restaurant on se serveixen esmorzars, dinars i sopars de gran qualitat.

Rambla de Catalunya, 126

🏛 **Can Serra** (1903). L'edifici en primer terme, Can Serra, és obra de l'arquitecte modernista Josep Puig i Cadafalch, que el va projectar com a casa unifamiliar amb aspecte de palauet d'inspiració renaixentista, tot i que la torre de la cantonada, rematada per un voladís de ceràmica vidriada, té un aire més aviat medieval. Els escultors Alfons Juyol i Bach i Eusebi Arnau van ser els autors dels medallons de sobre els finestrals, que representen artistes com Wagner, Cervantes o el pintor català Marià Fortuny. La part més moderna de l'edifici, de ferro i vidre, que queda en segon terme i l'emmarca, és el resultat d'una ampliació feta durant la dècada dels vuitanta pels arquitectes Federico Correa i Alfons Milà, quan l'edifici va ser adquirit per la Diputació de Barcelona, l'organisme que coordina les accions dels diversos ajuntaments de la província de Barcelona.

Diagonal, 450

🏛 **Església i convent de Pompeia** (1910). Vegeu el comentari destacat «La ruta Sagnier» a les pàgines 116-117.

Diagonal, 478

🛍 **Tous.** Fent cantonada amb la Via Augusta, és una àmplia i moderna botiga (200 m² d'espai molt diàfan inaugurats el 2013). La joieria, distribuïdora oficial de la marca de rellotges Rolex i que ha fet mundialment famosa la figura d'un osset que va néixer el 1985, és la que fa tretze a la ciutat de Barcelona, i un dels 400 punts de venda a tot el món. Des del 1965, la parella formada per Salvador Tous i Rosa Oriol, originaris de Manresa, està al capdavant del negoci —un petit taller de reparació de joies— que havia fundat el pare d'ell, el 1920.

Diagonal, 482

🛍 **Unión Suiza.** Aquesta empresa joiera barcelonina fundada el 1840 i dirigida actualment per la sisena generació de la família Vendrell, té dos àmbits d'actuació. D'una banda, la venda de joieria i rellotgeria de prestigioses marques de luxe en tres establiments propis, dos a Barcelona i un a Madrid, ubicats en els centres neuràlgics d'ambdues ciutats. De l'altra banda, Unión Suiza de Distribución, dedicada a la distribució per tot el territori espanyol de la prestigiosa marca de rellotges Kronos, fundada l'any 1930.

Des de Diagonal fins a Gran de Gràcia

Números 111–119

111

 **Edifici Deutsche Bank.** Projectat el 1956-1959 com a seu del Banco Comercial Transatlántico per l'arquitecte Santiago Balcells (segons diu una petita placa a la façana), aquest edifici de 20 plantes i 17.500 m², el 1994 va esdevenir seu del Deutsche Bank, en una reforma feta pels arquitectes Francesc Albardaner i Josep Samsó, que van idear els plafons de vidre que el fan tan característic. El 2014 va passar a mans d'un grup inversor que el reconvertirà en un hotel de luxe de la cadena Four Seasons.

tipus de serveis. Un assistent personal s'encarrega de cuidar tots els detalls contractables: xef, tintoreria, massatges, perruqueria, *personal shopper*, entrenador personal, cangur o reserva d'espectacles, entre molts altres.

115

 **Apartaments Passeig de Gràcia 115.** Després d'una remodelació que va respectar la façana pel seu valor històric i artístic (observeu els frisos pintats), el 2004 es van reobrir quatre plantes d'aquest edifici com a apartaments per a estades curtes o llargues a la ciutat. Des del 1901 ha estat sempre propietat de la família d'industrials catalans Bertrand. Entre el 1980 i el 2011 els baixos van acollir la doble sala de cinema d'art i assaig Casablanca.

119

🍴 **Parco.** Un dels millors restaurants asiàtics de la ciutat. Presumeix de servir el millor sushi. Decoració minimalista, llum tènue i ambient tranquil.

113

🏛 **Casa Bonaventura Ferrer** (1906). Obra de l'arquitecte Pere Falqués i Urpí, és coneguda popularment com El Palauet i és una mostra excel·lent de casa modernista, amb més equilibri que excessos. La façana consta de tres cossos verticals, on destaca una tribuna al pis principal amb una escultura treballada en pedra. La porta i els balcons són de ferro forjat i el coronament de l'edifici, d'inspiració barroca.

🏛 **El Palauet Living Barcelona.** Les estances d'El Palauet es lloguen com a sis suites de luxe amb tot

Carrer Sèneca

Aquest carrer per a vianants amb encant que connecta amb la Via Augusta és ple de botigues de mobles *vintage* com ara **Antique Boutique, Estudio Restauración** o **Ox Mobiliari**, especialitzades en mobles escandinaus, dels anys cinquanta o en peces antiquàries artesanals. Al número 13 hi ha la *boutique* de bosses, mocadors, carteres i complements **Paulina Barcelona**, i al número 9-11, la galeria **Miquel Alzueta**, especialitzada en mobiliari del segle xx. A més, hi ha un molt bon restaurant de cuina catalana, el **Roig Robí**, al número 20, que compta amb un petit jardí interior molt agradable.

Gran de Gràcia, 7

Casa Ramon Servent (1911). Obra modernista de l'arquitecte Emili Sala Cortés, caracteritzada per les tribunes poligonals a les quatre primeres plantes i ornamentacions florals. L'edifici està coronat per tres plantes afegides d'estil noucentista i quatre busts que, d'esquerra a dreta, representen: Joan Fiveller (conseller municipal al segle xv), Cristòfor Colom (navegant i descobridor d'Amèrica), Miquel Servet (teòleg i científic del segle xvi) i Miguel de Cervantes (autor d'*El Quixot)*, col·locats per ordre cronològic.

Des de Gran de Gràcia fins a Diagonal

Números 132-112

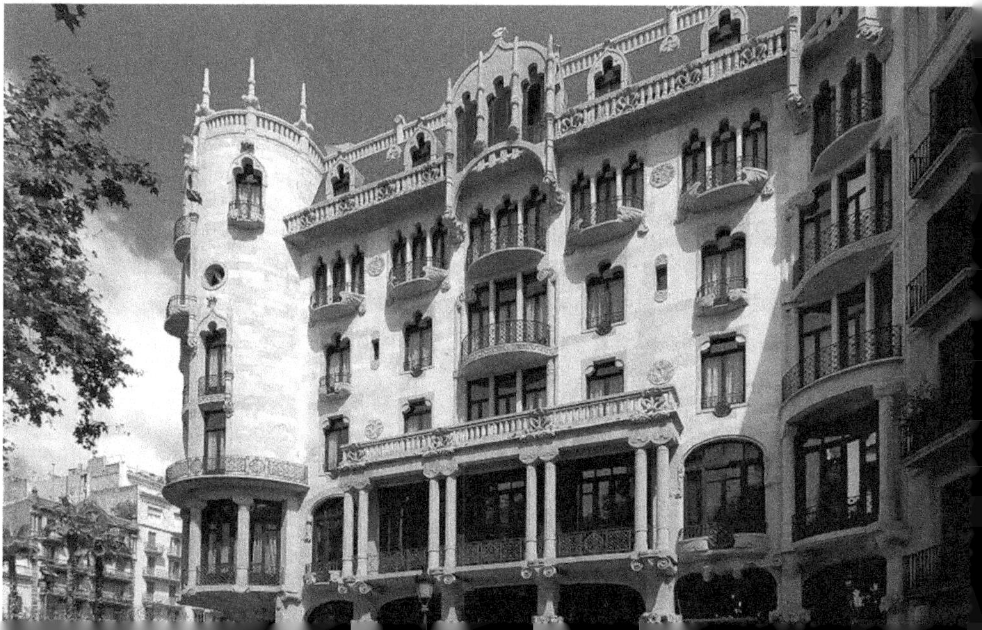

 **Casa Fuster** (1911). Aquest imponent edifici modernista amb un cert aire neogòtic corona els Jardinets de Gràcia i marca l'inici del carrer Gran de Gràcia, l'artèria comercial del barri de Gràcia. És la darrera obra a Barcelona de l'arquitecte Lluís Domènech i Montaner, havia estat la seu de la companyia elèctrica Enher i actualment conté l'hotel Casa Fuster. Va ser construït —després d'enderrocar la fàbrica de xocolates Juncosa que ocupava el solar— per encàrrec del mallorquí Mariano Fuster i Fuster, com a obsequi a la seva muller, Consol Fabra i Puig, les inicials de la qual van

quedar fixades en relleu a la façana que dóna al carrer de Jesús. Per a la construcció es van emprar materials nobles: marbre blanc a la façana, vidre i pissarra, que contribueixen a dotar de bellesa singular l'edifici que, en el seu moment, va ser el més costós de la ciutat. A la cantonada hi ha una torre cilíndrica amb tribunes de vidre i escultures que recorden nius d'orenetes.

Curiositat: a la façana hi ha una placa que recorda que el poeta Salvador Espriu va viure en aquest edifici des del 1942 fins al 1972. Una mica més avall, al número 118, n'hi ha una altra, perquè Espriu va viure també en aquell número.

Casa Fuster (5* Gran Luxe Monument). Coronant l'Eixample, un hotel inaugurat l'any 2004 i que s'ha consolidat com a punt de reunió d'artistes, intel·lectuals i viatgers que cerquen un lloc tranquil i singular per a l'estada o els negocis. La terrassa Blue View, amb piscina, permet gaudir d'un aperitiu o d'un àpat lleuger amb unes vistes espectaculars del passeig de Gràcia fins al mar, i de bona part de la ciutat. La clientela, sobretot els vespres d'estiu, oscil·la entre el turista i el ciutadà local, i l'ambient és d'un agradable *chill-out*. La Sala de Lectura de la planta baixa és un espai vinculat a la cultura i atrau a

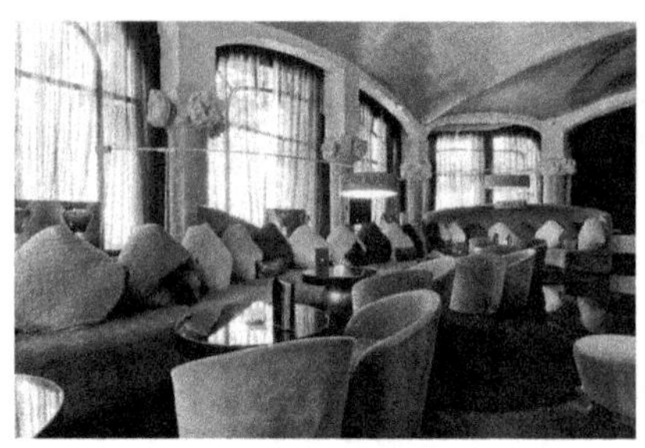

l'hotel editorials i autors de primera línia. Addicionalment, una dotzena de sales faciliten la celebració d'esdeveniments de tot tipus. La planta noble acull el restaurant Galaxó, amb una carta mediterrània i avantguardista. El Cafè Vienès, inaugurat els anys vint i que va ser epicentre cultural de la ciutat, segueix oferint un espai de trobada únic i es transforma cada dijous al vespre en el Club de Jazz.

Blu Barcelona. Joieria de Marc Codina on els protagonistes són els diamants, els safirs, les maragdes i els robins.

Suites Center Barcelona. Quinze suites de luxe amb totes les dotacions necessàries per a gaudir d'una estada a la ciutat.

Kiton. Cinquanta-quatre establiments com aquest són els que la marca italiana Kiton, especialitzada en moda masculina, femenina i accessoris de gamma alta, té repartits per països com ara França, Rússia, Ucraïna, els Estats Units, la Xina o els Emirats Àrabs Units.

🍴 **Ottavia.** Gelateria original de l'illa de Madeira que ofereix gelats de gustos tropicals envasats de forma molt original.

🛍 **Lupo.** La marca nascuda el 1920 en un taller del barri de Gràcia va obrir aquesta botiga el 2014, a més de la que ja tenia al carrer Mallorca, per a les seves bosses de luxe. **Curiositat:** fins al 2013, els baixos que ocupa Lupo varen ser la seu durant 32 anys de la llibreria Roquer, especialitzada en llibres d'art, infantils i en català.

🛍 **L'Òptica Universitària.** Aquest és un dels 46 establiments d'una cadena que va néixer al campus universitari de l'avinguda Diagonal de Barcelona. Gràcies a uns preus irresistibles, una intel·ligent política de descomptes i un servei impecable, s'ha guanyat la confiança de molta gent jove i no tan jove a l'hora de triar les ulleres, graduades o de sol.

Carrer Bonavista

Aquest carrer, que pren el nom de la bonica vista sobre el passeig de Gràcia que tenien els edificis de la seva vorera de muntanya, permet admirar, precisament en aquest costat, algunes façanes modernistes esgrafiades com les dels números 5, 7 i 11.

Jardinets de Gràcia

La part del passeig de Gràcia que queda per sobre de la Diagonal té el nom oficial de Jardins de Salvador Espriu des del 1991, en honor al poeta català, que va viure a la Casa Fuster, però popularment els barcelonins sempre s'hi han referit com als Jardinets de Gràcia. Es van realitzar el 1929 amb motiu de l'Exposició Internacional de Barcelona, sota la direcció de Nicolau Rubió i Tudurí, dissenyador de jardins, com a enllaç entre el passeig i el barri de Gràcia, una antiga vil·la annexionada a la ciutat el 1897.

Un trio d'escultures

L'*Obelisc* o el *Llapis.* Col·locada al centre de la plaça de Joan Carles I, aquesta escultura del 1936 projectada en honor de Francesc Pi i Margall —president de la primera República espanyola el 1873—, obra d'Adolf Florensa i Josep Vilaseca, va rebre al cap dels anys el nom popular de *Llapis,* per la seva semblança amb l'útil d'escriptura. Actualment llueix sol, però havia estat acompanyat, fins al 2011, d'una estàtua que representava la victòria de les tropes franquistes

al final de la Guerra Civil, i que havia substituït, al seu torn, la figura d'una dona nua col·locada al capdamunt de l'obelisc que representava la República, obra de l'escultor Josep Viladomat, i coneguda amb el malnom de «la fulana». La plaça encara havia rebut abans un altre nom popular, el de Cinc d'Oros, a causa de la col·locació, el 1909, de quatre elements amb la base rodona al voltant d'un cercle central, cosa que a vista d'ocell l'assimilava molt a aquesta carta de la baralla espanyola en la qual es representen cinc monedes daurades.

🏛 *Solc.* Amb motiu de la celebració del centenari del naixement del poeta Salvador Espriu, l'any 2013, l'escultor Frederic Amat va rebre l'encàrrec d'elaborar una escultura per al jardí que el poeta veia quan mirava per la finestra des de la Casa Fuster. El resultat és aquesta incisió de formigó en horitzontal que dialoga amb el *Llapis* i que també té un aire funerari molt propi del món d'Espriu.

🏛 **Homenatge a Pompeu Fabra i *La lectura*.** A l'extrem superior de la zona enjardinada, es poden llegir les lletres metàl·liques «Barcelona a Pompeu Fabra», el lingüista que va crear l'estàndard de la llengua catalana i en va elaborar el primer diccionari. Queden just davant d'un relleu que representa una dona llegint, del 1948, obra de Josep Clarà. Una mica més amunt, dues fonts: a la dreta, una petita amb aigua potable i al centre, una de més grossa amb aigua decorativa.

🛍 **BOO.** Botiga de moda masculina i femenina, un dels temples de l'ultramodernitat del públic més jove i *hipster* de la ciutat. La decoració és exquisida, i és possible emprovar-se la roba dins d'una cabina de telèfon de la Barcelona dels anys vint.

🍴 **Buenas Migas.** Als peus d'un impressionant edifici neoclàssic es poden menjar pastes i pans fets artesanalment i altres receptes tradicionals originàries de Ligúria (Itàlia) i de Cornualla (Anglaterra), d'on són la Clare i en Patrik, els fundadors de l'exitosa cadena de *focacceries* instal·lada a Barcelona.

🍴 **L'Eggs.** Sota la batuta d'en Paco Pérez, que s'ha format amb xefs com ara Ferran Adrià o Joan Roca, aquest és un restaurant del tot original, que ha posat els ous com a aliment central. La seva in-tenció és fer «alguna cosa diferent, divertida, que agradi a tothom, sigui per a tots els públics i assequible econòmicament». Ous al plat, ous fregits, ous durs, ous amb angules i truites de tot tipus. També hi ha plats sense aquest aliment i disposa de terrassa exterior.

🏨 **Casa Gràcia Barcelona Hostel.** Aquest edifici modernista acull un hostal per a viatgers que vulguin estar ben situats al centre de Barcelona, amb habitacions per a dos i fins a sis persones, amb espais comuns com ara cuina, saló, menjador i terrassa, i una suite de luxe.

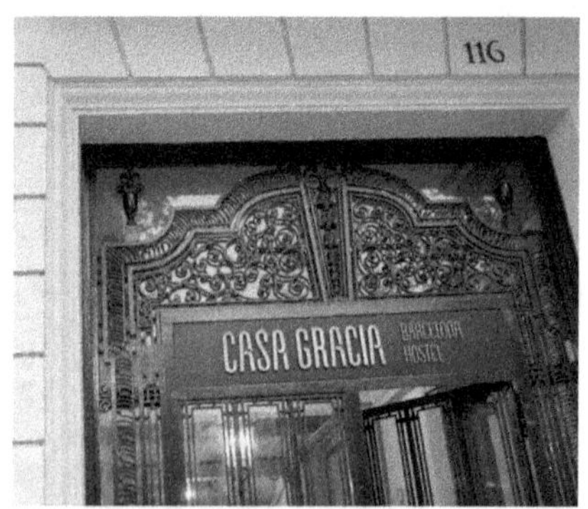

Casa Lluís Ferrer-Vidal

(1916). Edifici residencial obra d'Eduard Ferrés i Puig que ocupa l'espai d'un dels cinc xalets unifamiliars del marquès de Salamanca construïts el 1865 per Elies Rogent. Va ser modificat per a afegir les dues plantes superiors, cosa que va fer desaparèixer la cúpula que el coronava. Cada planta està resolta amb un tractament diferent i destaca la tribuna de la primera —formant una galeria semicircular d'arc rebaixat i vitralls, que suporta la balconada del pis superior— i l'escut de la porta d'accés amb les inicials dels seu primer propietari, empresari i polític cofundador de l'empresa de ciments Portland i de La Caixa.

Galeria Comas.

Galeria d'art d'accés lliure. És possible pujar al pis principal d'aquest edifici i admirar la col·lecció d'algun pintor local (canvia cada tres setmanes), així com uns vitralls d'inspiració goiesca que decoren el celobert. La galeria existeix des del 1979.

F. Roca.

Des del 1947, aquesta joieria especialitzada en diamants d'alta qualitat ofereix també servei de compra a particulars, talladors, disseny i taller propis.

 **Tween.** Aquesta cadena de roba, d'origen turc, fa més de vint anys que vesteix els homes de tot el món amb les seves més de 150 botigues.

112

Casa Garriga (1911). Una nova mostra de l'obra de l'arqui-tecte Enric Sagnier i Villavecchia és aquesta casa que fa xamfrà amb el carrer Còrsega, amb una façana de pedra molt destacable, en especial la part que dóna al passeig de Gràcia, on el tipus de pedra i les finestres són diferents. Va ser un encàrrec del financer Rupert Garriga i Miranda i la seva construcció comportà l'enderrocament d'un dels cinc xalets que el marqués de Salamanca havia construït, el 1865, entre els carrers Còrsega i Bonavista. Els dos pisos superiors van ser afegits a la dècada de 1930, però contràriament a tants altres casos, amb gran consonància amb l'edifici.

Diagonal direcció Besòs

Diagonal, 442

🏛 **Casa Comalat** (1911). Edifici modernista obra de l'arquitecte Salvador Valeri i Pupurull, caracteritzat per gaudir de dues façanes i que recorda la Casa Batlló d'Antoni Gaudí: balcons esculpits en pedra, baranes de ferro forjat, corbes i nombroses ornamentacions florals. Destaquen la porta i les balconades de la planta baixa, una tribuna central correguda entre els pisos principal i primer, i

el gegantí barret d'arlequí que corona l'edifici. A la façana colorista que dóna al número 316 del carrer Còrsega, destaquen les tribunes irregulars i les galeries de fusta policromada tancades per persianes, amb ceràmiques de l'artista Lluís Bru i Salelles i vidrieres de Rigalt, Granell & Cia.

Diagonal, 416-420

🏛 **Casa Terrades** (1905). Seguint per l'avinguda Diagonal, pocs metres més avall, s'alça la que tothom coneix, per raons evidents, com a Casa de les Punxes. Aquest singular edifici va ser projectat per

Josep Puig i Cadafalch l'any 1905 a partir d'un encàrrec de les germanes Terrades, que volien unificar tres immobles de la seva propietat. L'edifici té un clar aspecte medieval, característic del gòtic europeu, i està coronat per sis torres acabades en agulles de forma cònica. Els elements més característics de la façana són els maons, els plafons decoratius en pedra que la cobreixen i, en especial, els dibuixos florals a les tribunes, els balcons modernistes, les teulades a doble vessant i un Sant Jordi amb la llegenda: «Sant Patró de Catalunya, torneu-nos la llibertat». Aquest edifici va ser declarat l'any 1975 monument històric nacional, i el 1976 bé cultural d'interès nacional. Actualment, a més d'alguns habitatges, la seva funció principal és la d'edifici d'oficines.

≋

Diagonal, 383

Silbon. Firma cordovesa que ofereix en aquesta botiga tot tipus de peces de moda masculina, calçat i un ampli assortiment de complements amb un marcat estil britànic. La comoditat en consonància amb l'elegància.

Diagonal, 373

Palau Baró de Quadras (1904). Aquest espectacular edifici modernista s'alça a l'avinguda Diagonal i, també, al número 279 del carrer Rosselló i és una de les joies més singulars del patrimoni arquitectònic barceloní. Per una banda, palau neogòtic. Per l'altra, pur modernisme. Va ser l'any 1900 quan el ric industrial Baró de Quadras va encomanar a l'arquitecte Josep Puig i Cadafalch la reforma d'aquest bloc de pisos. Vist des de la Diagonal, les escultures de personatges medievals i renaixentistes, les flors, els escuts heràldics i la llarga tribuna ens traslladen directament als palaus gòtics del nord d'Europa. Des del carrer Rosselló, en canvi, hi podem admirar els vestigis de l'antic edifici i una mostra del modernisme més convencional amb elements florals esgrafiats. A l'interior hi trobem els elements habituals i força heterogenis de l'obra de Puig i Cadafalch: ceràmica de

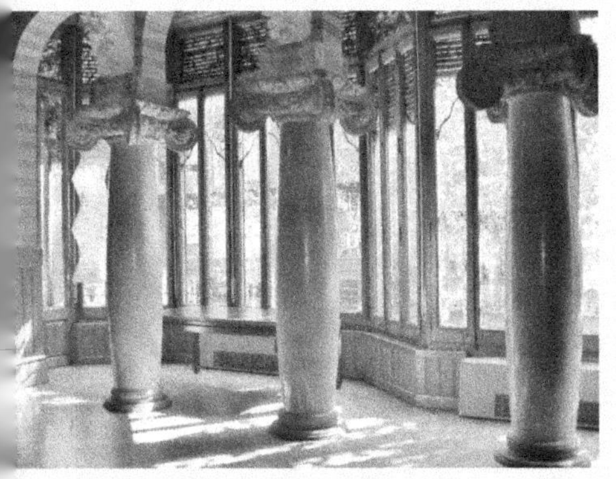

colors d'influència islàmica, elements escultòrics goticitzants i una espectacular escala de pedra treballada que puja fins al primer pis. L'edifici va ser declarat bé cultural d'interès nacional l'any 1976 i actualment és la seu de l'Institut Ramon Llull, encarregat de la projecció internacional de la cultura catalana.

Des de Diagonal
fins a Roselló

Números 110–104

Carmina Shoemaker. Aquesta firma, ara internacional, va ser creada l'any 1997, però els seus orígens es remunten fins al 1866, quan

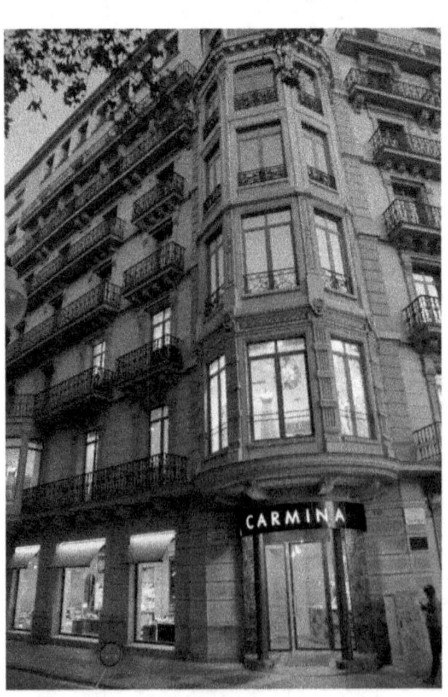

Matias Pujadas va començar amb un petit taller de sabates fetes a mida a Inca (Mallorca). Les seves sabates, d'home i de dona, es caracteritzen pel tradicional doble cosit *goodyear*, que proporciona durabilitat, flexibilitat, comoditat i aïllament.

Gratacós. Artesania, investigació, bellesa i creativitat. Aquests són els pilars d'aquesta botiga de teixits que opera a la ciutat des del 1940 i que, malgrat l'arribada de les grans marques de luxe i de les multinacionals, ha sabut mantenir l'essència i la presència durant tots aquests anys. Els seus fundadors van ser Antonio Gratacós i Josefina Ortiz de la Orden i des d'aleshores han vestit a personalitats com ara Michelle Obama, Mònica Naranjo, les famílies reials espanyola i holandesa o Céline Dion. Són cèlebres les composicions dels seus aparadors, l'exposició en vertical de totes les seves teles i la decoració d'ebenisteria combinada amb elements contemporanis acolorits.

🏛 **Casa Jacint Esteva** (1939). Aquest edifici va ser projectat per l'arquitecte Pere Benavent de Barberà i presenta una estètica molt diferent de la resta del passeig, amb un aire racionalista i una façana de tons beix gairebé nua. És una mostra del renovador Moviment Modern

sorgit a l'arquitectura a la segona dècada del segle xx.

🏛 **Fundació Frederic Mompou.** Per a conservar, donar a conèixer i promoure l'estudi del magnífic compositor català Frederic Mompou (1893-1987), es va projectar aquesta fundació. Situada al primer pis, on va viure el compositor, va ser constituïda l'any 2006 per la seva vídua i hereva, Carme Bravo. Mompou és conegut, sobretot, per les seves peces de piano, música delicada, íntima i miniaturista.

🛍 **Valentino.** Una firma que històricament ha vestit a celebritats com ara Audrey Hepburn, Jackeline Onassis o Elisabeth Taylor. Present a noranta països, amb 160 botigues i més de 1.300 punts de venta, és el mateix Valentino qui assegura que el seu «vermell Valentino» està inspirat directament en Barcelona. Concretament, en un vestit vermellíssim que va veure una nit al Gran Teatre del Liceu.

 FreyWille. És una joieria vienesa, amb més de 100 botigues a 35 països, especialitzada en joies esmaltades decorades amb motius florals o geomètrics, sempre artístics i vistosos.

 TCN. Les lletres corresponen a les inicials de la dissenyadora catalana Toton Comella Noé. L'any 1984 va irrompre amb força amb una col·lecció de bany confeccionada amb elastà (Lycra) i cotó, combinació inèdita fins aleshores. Tant les seves peces

de bany, com la cotilleria i la llenceria es caracteritzen per la comoditat, el glamur, la sensualitat i la senzillesa.

 Jofré. Aquesta botiga, fundada el 1929 a Reus, disposa de cinc punts de venda a Barcelona. En una decoració càlida i minimalista, ofereix primeres marques de roba de luxe com ara Yves Saint Laurent, Chloé o Earl Jeans.

 Wolford. Companyia austríaca especialitzada en llenceria femenina. Fundada el 1949, va crear el 1975 el model de mitges Luxor —les primeres mitges a prova de carreres—, i també va ser la introductora de l'elastà (Lycra) i el tacte sedós a la roba interior, i dels primers bodis, als vuitanta. Des de l'any 2000, aliada amb grans creadors de moda, ofereix tot tipus de roba femenina.

Carrer Rosselló direcció Besòs

Rosselló 265

 Omm (5*). Un hotel de disseny modern, divertit, confortable i luxós que consta de 91 habitacions, *spa*, piscina, terrasses i, sobretot, el restaurant **Roca Moo** —amb una

estrella Michelin—, assessorat per El Celler de Can Roca i dirigit pel xef Juan Pretel. El restaurant **Roca Bar,** més informal, és un espai ideal per a entrepans, tapes i plats del dia.

Rosselló, 271
🛍 **La Inmaculada Concepción.** Botiga de mobles i decoració *vintage* o *retro.* Són especialment recomanables els objectes reciclats i els mobles fets a mida.

Rosselló, 275
🛍 **Dos i una.** Aquí es pot trobar una àmplia diversitat d'accessoris i jocs, tant per a nens com per a adults. Des d'una samarreta dels anys vuitanta fins a postals *retro,* passant per càmeres de fotos de carret o les joguines dels nostres pares i avis. Imprescindible per a qui vulgui viatjar en el temps i sigui amant dels ginys i les coloraines.

Rosselló, 240
🏛 **Casa Josep Arús** (1889). Aquest és un dels pocs exemples que queden de palauet unifamiliar d'estil neoclàssic a l'Eixample, amb tribuna al pis principal i dos cossos laterals més elevats. És obra d'Antoni Serra Pujals.

Rosselló, 238
🏨 **Actual** (3*). Un hotel amb una decoració acurada que ofereix des d'habitacions individuals fins a familiars amb capacitat per a sis persones.

Des de Rosselló
fins a Provença

Números 102-92

 **Stella McCartney.** Inaugurada el 2012, la decoració dels aparadors, vistosa i acolorida, ja prefigura l'estil de roba *prêt-à-porter* d'aquesta dissenyadora britànica, filla del membre dels Beatles Paul McCartney. No utilitza cuirs ni pells en els seus dissenys.

Paseo de Gracia (1*). El lema d'aquest cèntric hotel d'una estrella és: «dorm *cheap* a la zona *chic*». Habitacions grans, còmodes, lluminoses, familiars i econòmiques.

Yves Saint Laurent. Aquesta va ser la primera casa de moda que va introduir el concepte *prêt-à-porter* de luxe amb la col·lecció *Rive Gauche*, el 1996, i també la primera que va reincorporar l'esmòquing i les línies tradicionalment masculines —com el vestit jaqueta— al vestuari femení. Botiga selecta i delicadament luxosa.

 **Michael Kors.** El més curiós d'aquesta firma d'un dels dissenyadors més importants dels Estats Units és que va aterrar a Catalunya el 2010 amb un *outlet* a La Roca del Vallès. El seu objectiu: «Combinar el confort americà amb el luxe europeu». El mateix any es va establir també al passeig de Gràcia en un local de 200 m^2 on es poden trobar les seves peces alegres i de fàcil com-

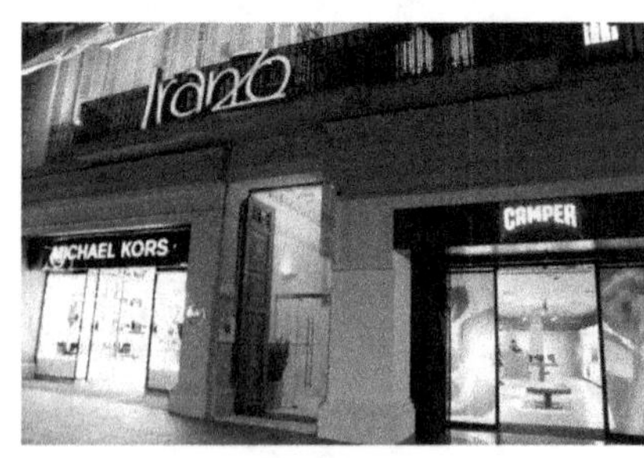

binació, així com rellotges, sabates, joies i fragàncies.

 **Iranzo.** És referir-se a perruqueria, estètica, assessorament en imatge i tracte individualitzat des del 1924. I, també, a Joan Carles I, Emilio Botín, Gabriel Garcia Márquez, Joan Manuel Serrat, Joan Brossa, Johan Cruyff, Alfredo Krauss, Maradona, Schuster, Neskens i centenars de caps més que han passat per les seves tisores i el seu cèlebre tall amb navalla.

Camper. Aquesta és l'empresa més antiga del sector del calçat a Espanya. Llibertat, comoditat i creativitat són les paraules claus que el mallorquí Lorenzo Fluixà, des del 1975, vol associar a la seva marca. A les seves botigues, modernes, senzilles, però molt innovadores, s'hi troba calçat d'home, de dona i d'infant. Té una altra botiga al número 2 del passeig.

98

Salvatore Ferragamo. Conegut com a «el sabater de les estrelles», de ben jove va emigrar a Califòrnia des de la seva Itàlia natal i no hi va tornar fins que va haver triomfat i calçat mig univers de Hollywood: Audrey Hepburn, Judy Garland, Marilyn Monroe, Greta Garbo, Brigitte Bardot, Madonna o Nicole Kidman en són al-

guns exemples. Des del 2011, aquesta firma cotitza a la borsa italiana.

Fundació Suñol. Fundació privada sense ànim de lucre constituïda el 2002 amb les finalitats de «fomentar, difondre i divulgar l'art en general i el de la pròpia col·lecció en particular, conservar i preservar l'art i el seu estudi, procurant l'ajuda a artistes, estudiants i estudiosos en pro de l'art català a nivell mundi-

Horari: dilluns a divendres: 11-14 h i 16-20 h Dissabtes: 16-20 h. Diumenges i festius tancat. Possibilitat de concertar altres horaris prèviament
Preus: entrada general: 4 € / Entrada reduïda: 2 €
Informació: 934 961 032
www.fundaciosunol.org

Autobús: 6, 7, 15, 16, 17, 20, 22, 24, 28, 33, 34, 39, 43, 44, 45, 47. Bus Turístic, rutes nord i sud
Metro: L3, L5 (Diagonal)
FGC: Provença-La Pedrera
Renfe: Passeig de Gràcia

El pati del Nivell Zero de la Fundació Suñol

al». A més de programar exposicions monogràfiques i avantguardistes, disposa de 1.000 m² d'exposició i compta amb més de 1.200 obres d'artistes com: Warhol, Picasso, Miró, Dalí, Tàpies, Man Ray, Gargallo, Giacometti, Gordillo, Zush, Boetti, Solano, Lootz, Navarro o Plensa, entre d'altres.

 **Bottega Veneta.** Marca italiana especialitzada en productes de pell i de cuir. Disposa de 150 m² d'exclusivitat, luxe i un interiorisme càlid gràcies a unes taules de noguera, uns tons terra i als detalls acurats de cuir i acer. Única botiga a Espanya on es poden trobar totes les col·leccions de la firma.

96

🏛 **Casa Casas-Carbó** (1894). Aquest edifici modernista està catalogat com a patrimoni arquitectònic de la ciutat. Va ser projectat per l'arquitecte Antoni Rovira i Rabassa i va pertànyer al famós pintor modernis-

ta Ramon Casas, que hi va viure al pis principal i va acollir el seu gran amic i també artista Santiago Rusiñol, com es recorda a les dues plaques que hi ha a altures diferents de la façana. D'aquesta, en són especialment remarcables els treballs en pedra dels balcons, la porteria i el coronament amb una mateixa decoració floral repetida sobre una filera de petites finestres. També destaca la porta d'entrada, de dues fulles de fusta i forja amb ornaments de metall daurats.

🛍 **Vinçon.** Els orígens de la botiga es remunten al 1941, quan el jueu Enrique Levi, l'alemany Hugo Vinçon i els germans Amat inauguraren «Regalos Hugo Vinçon», però no és fins a l'any 1967, i posteriorment el 1973, amb la inauguració de la sala d'exposicions d'elements gràfics i industrials, que va començar a despuntar. Artistes, arquitectes i dissenyadors de tot el món varen començar a exposar-hi i la botiga esdevingué un punt de trobada obligat pels amants dels objectes de disseny i la decoració. Les dues plantes de la botiga estan tractades com si fos una gran exposició, en perfecta harmonia amb la majestuositat de l'edifici.

Imprescindible: des del pati de la botiga es veu la façana posterior de La Pedrera.

🏛 **Casa Milà o La Pedrera** (1912). Vegeu el comentari destacat a les pàgines 104-105.

🏛 **Casa Codina** (1898). Un edifici modernista de l'arquitecte Antoni Rovira i Rabassa, a tocar de La Pedrera. De la façana de pedra en destaca la tribuna que ocupa el primer pis i, més amunt, les finestres d'alçades diferents amb un balcó central i el ferro forjat de les baranes de la terrassa.

🛍 **Casa Viva.** Articles per a la llar i la decoració: tot per a la taula, la cuina, el bany, i petit mobiliari, interior i exterior. També articles de viatge i un ampli assortiment de llibres relacionats amb Barcelona.

Casa Milà o La Pedrera

És la joia de la corona del passeig de Gràcia. Coneguda popularment com La Pedrera perquè recorda una pedrera a cel obert, és un edifici modernista, obra d'Antoni Gaudí, construït entre els anys 1906 i 1912 per encàrrec del matrimoni Pere Milà Camps i Roser Segimon Artells, i declarat Patrimoni Mundial de la Unesco l'any 1984. A banda dels forjats de les baranes i les formes ondulants i vives de la façana, inspirada en les formes orgàniques de la natura, la característica principal i potser més desconeguda d'aquesta joia és que les úniques parets estructurals de l'edifici són les de l'escala. És l'última obra civil que va fer Antoni Gaudí abans de dedicar-se completament a les obres del temple de la Sagrada Família. Tot i els nombrosos entrebancs amb què es va trobar a l'hora de construir-la, va aconseguir que l'edifici no fos sotmès a les ordenances municipals pel seu gran valor artístic i monumental. La història de l'edifici ha estat moguda: durant la Guerra Civil Espanyola va ser ocupat pel PSUC (Partit Socialista Unificat de Catalunya); el 1946, la vídua Milà va vendre l'edifici a una immobiliària que va construir tretze apartaments a les golfes; i des del 1966 s'hi van instal·lar oficines, un bingo, una acadèmia i una fonda. Avui és un dels edificis més visitats de la ciutat, amb més d'un milió de visites anuals, i un dels que més la projecta a escala internacional.

El 1986, Caixa de Catalunya va adquirir l'edifici i va decidir fer-ne la seu insígnia de la seva fundació. Avui, la Fundació Catalunya-La Pedrera ha transformat l'espai en un centre cultural de primer ordre on se celebren, de manera regular, grans exposicions i cicles de conferències, recitals de

Horari: dilluns a diumenge: 9-20 h. A partir del 3 de novembre: 9-18:30 h. Tancat: 25 de desembre. 1 de gener: 11-18:30 h

Preus: adult: 20,50 € / Carnet d'estudiant: 16,50 € / Persones amb discapacitat: 16,50 € / Menors (-6): gratuït; (-12): 10,25 €

Reserves: prèvies per a grups de més de 10 persones a grups@lapedrera.com

Informació: 902 202 138, www.lapedrera.com. Accés per a minusvàlids

Bus: 7,16, 17, 22, 24, V17, 39
Metro: L3, L5 (Diagonal)
FGC: Provença-La Pedrera
Renfe: Passeig de Gràcia

poesia, concerts de música i projeccions audiovisuals al magnífic auditori de la planta baixa de l'edifici o al terrat a les nits d'estiu. Especialment recomanable és visitar La Pedrera de nit (es pot fer durant tot l'any) i descobrir-ne els secrets a través de projeccions, hologrames i tota mena d'efectes sensorials acompanyats d'un bon sopar o d'una copa de cava.

Són de visita obligada:

El terrat: una coberta insòlita i extremadament artística on les torres de ventilació i les xemeneies ens transporten fàcilment a altres mons i a altres èpoques.

L'Espai Gaudí: les golfes de l'edifici on antigament hi havia els safareigs i els estenedors i on actualment s'exposen les creacions, les visions i les explicacions de l'arquitecte català sota els 270 arcs de catenària de maó pla.

El pis: es troba a la quarta planta i mostra com vivia una família de la burgesia catalana del segle XIX, des del mobiliari i els equipaments de l'època, fins a la distribució interior i els elements ornamentals.

Els patis: un autèntic espectacle de llums, estructures i colors en el qual les formes orgàniques, les pintures murals i el modernisme més pur es posen al servei de l'arquitectura.

La sala d'exposicions: situada a la planta principal, va ser la residència de la família Milà. En destaca l'escala del vestíbul amb les baranes de ferro i les pintures murals, les columnes de pedra esculpides i el trencadís característic de Gaudí.

Des de Provença fins a Mallorca

Números 88-82

88

🛍 **Prada.** Aquesta firma ja disposa d'una xarxa de 461 botigues a tot el món repartides entre les seves principals marques: Prada, MiuMiu, Church i Car Shoe. La companyia, liderada per Miuccia Prada i Patrizio Bertelli va inaugurar l'any 2013 aquesta botiga immensa on es poden trobar, envoltades dels colors negre i daurat de la marca, totes les col·leccions *prêt-à-porter* d'home i de dona, així com els luxosos i exclusius articles de pell, accessoris, perfums i calçat.

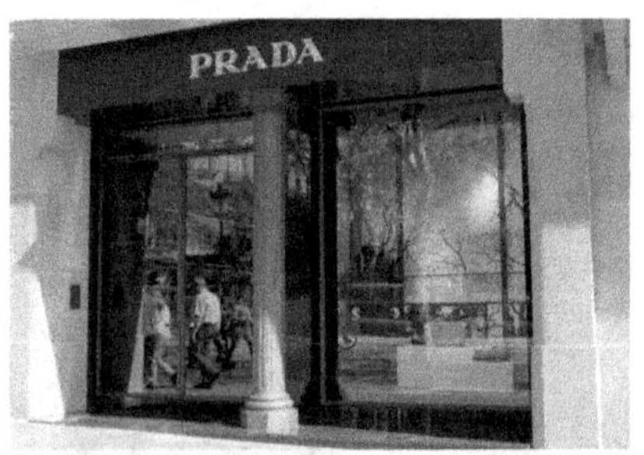

86

🛍 **Longchamp.** Va començar el 1948 a París fabricant accessoris de pell per a cigarretes, fins arribar a ser una de les marques de bosses més preuada, amb tot tipus d'arti-

cles de marroquineria i accessoris. Aquesta botiga disposa de 700 m² en dues plantes on, entre molts altres articles, s'hi pot adquirir l'emblema de la marca que tantes i tantes celebritats i *top-models* han lluït temporada rere temporada des de fa vint anys: la bossa *Le pliage*.

Curiositat: aquest edifici va ser la seu de la Sociedad de Seguros Mutuos Contra Incendios i a la façana encara s'hi poden veure uns relleus originals que representen una família que observa una casa en flames.

84 Royal Passeig de Gràcia

(4*). Aquest hotel, amb les comoditats habituals d'un establiment de categoria alta, disposa d'una de les terrasses més espectaculars de la ciutat, la Terrassa 83,3, amb vistes de 300 graus sobre la ciutat. El seu nom fa referència a la mida del mòdul de 83,3 cm utilitzat per a construir tot l'edifici. L'immoble, ubicat a l'antiga seu de l'extinta Banca Catalana, va ser projectat pels arquitectes Enric Tous i Josep M. Fargas Falp entre el 1965 i el 1968 i la cadena d'hotels Royal va decidir mantenir-ne la façana original, formada per una estructura de mòduls en la qual s'alternen els plafons de vidre amb aïllants de superfície parabòlica, i els components estructurals originaris. L'hotel disposa de 124 habitacions totalment insonoritzades. Cal

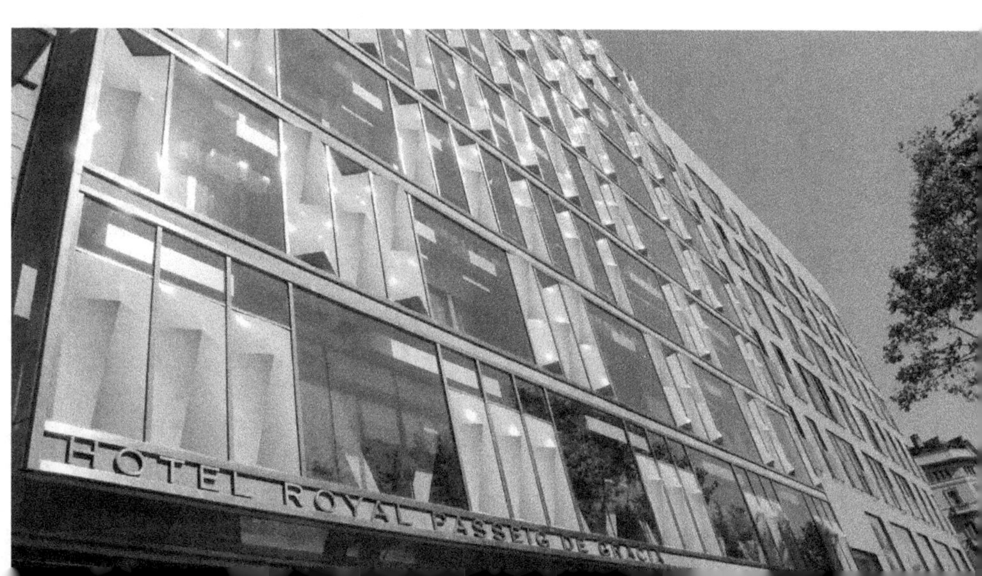

destacar el pati interior i els espais Garden i Warren, aquest darrer entre la planta baixa i el primer pis, on es poden veure les famoses bigues Warren, ocultes durant molts anys.

 **BBVA.** Als baixos de l'edifici s'hi ubiquen les oficines principals a Barcelona d'aquesta entitat bancària.

Cartier. Entrant en aquesta botiga, als baixos d'un elegant edifici de marbre i vidre construït l'any 2000, és fàcil imaginar-se per què, des de principis de segle passat, les aristocràcies de tota mena han caigut rendides als seus peus. Cartier és luxe i exquisidesa duts fins a l'últim extrem. Als salons d'aquesta botiga de 450 m² i entre les parets folrades de roure blanc hi trobarem tres majestuoses vitrines verticals on descobrir, admirar, i qui sap si adquirir, joies, rellotges, accessoris i perfums d'aquesta exclusiva firma.

Suárez. Aquesta firma té els seus orígens al País Basc, de la mà del seu fundador, Emiliano Suárez Faffián, l'any 1943. Des d'aleshores, aquest negoci familiar ha anat creixent gràcies a la categoria de la seva clientela, a la qualitat de les seves col·leccions pròpies i a les primeres marques que representa. Situada al xamfrà amb el carrer Mallorca, aquesta botiga compta amb un aparador de 34 metres de llarg i un elegant espai interior de 800 m².

Des de Mallorca
fins a València

Números 80–68

80

Casa Julià (1874). Al xamfrà del carrer Mallorca s'hi troba aquesta obra del prestigiós arquitecte valencià Rafael Guastavino i Moreno. De l'edifici original només se'n conserva la façana d'estil neogrec, ja que va ser completament enderrocat i tornat a construir fa pocs anys. Guastavino, tot i que no gaire conegut a Espanya perquè va emigrar als Estats Units, va ser valorat per Lluís Domènech i Montaner com un arquitecte amb uns dots excepcionals i va ser una figura clau en l'arquitectura nord-americana de finals del segle xix, gràcies a la construcció de grans voltes de ciment i maó, patentades als Estats Units com a Guastavino System.

🛍 **Louis Vuitton.** Inaugurada amb tota solemnitat el setembre del 2013, és un espai gran, diàfan i lluminós. Podem trobar, a preus no gaire modestos, des del *prêt-à-porter* fins als luxosos articles de viatge i les col·leccions de marroquineria més emblemàtiques d'aquesta marca.

🛍 **Chopard.** Joieria suïssa fundada per Louis-Ulysse Chopard el 1860. Des d'aleshores és un referent de la innovació en joieria i rellotgeria de luxe, on també es poden adquirir complements d'alta qualitat.

🛍 **Twenty One.** Saló de perruqueria i bellesa on Esther Llongueras, filla del perruquer Lluís Llongueras, i el seu ampli equip de professionals proposa als clients un tracte totalment personalitzat, professional i de qualitat.

🍴 **Pomarada.** Restaurant i sidreria de més de 800 m² especialitzats en gastronomia asturiana (favada, sidra, arròs amb llet), pizzes i cuina mediterrània, creativa i d'avantguarda. El restaurant compta amb conserge, ascensor, terrassa, carta, un menú diari i salons amb capacitat per a tota mena de grups al voltant d'un agradable pati interior.

🍴 **La Vinoteca Torres.** Restaurant de vins que, juntament amb el grup Sagardi, ofereix una singular proposta culinària i enològica acompanyada, sempre, de l'extensa i variada gamma de vins del grup Torres.

🛍 **Gucci.** Miralls fumats, or polit, vidre, palissandre i marbre és el que ens trobem quan entrem en aquest luxós univers de 400 m² inaugurat el 2012. La firma italiana fundada el 1921 per Guccio Gucci en un modest taller de Florència, ofereix el seu conegut i omnipresent logotip a tota mena d'articles de moda, maletes, rellotges, sabates o perfums. I sí, per una miqueta més, aquí també es pot encarregar una bossa amb les inicials del client banyades en or.

74

🏛 **Casa Coma** (1907). Obra del prolífic arquitecte Enric Sagnier i Villavecchia, hi destaquen els perfils sinuosos, tant dels balcons de pedra i la tribuna com de la cornisa que corona la façana. La tribuna central, de pedra amb motius florals, la conformen unes esveltes columnes i està coronada per un balcó que fa de terrassa del pis superior. Compta amb una espectacular entrada de marbre, custodiada per quatre columnes coríntes.

🛍 **Bvlgari.** Joieria italiana de referència, amb seu a Roma des del 1884, que posa glamur i transcen-

dència a les seves creacions originals de joies, rellotges, pelleteria, complements i perfums. Fins i tot ofereix estades als seus hotels i complexos turístics exclusius.

Chanel. No és, només, el número 5. No és, només, la modista Coco, la botiga de barrets al parisenc bulevard de Malesherbes inaugurada el 1909, o els bronzejats dins de línies rectes, senzilles i còmodes que van revolucionar la moda de principis del segle xx. Avui, és luxe i prestigi a través de 170 botigues pròpies arreu del món. Aquest establiment, de 190 m^2, compta amb diversos i moderns aparadors on es poden admirar els productes i els dissenys ideats pel gran geni de l'alta costura, Karl Lagerfeld. Més enllà de la moda i els perfums, Chanel ofereix joieria, rellotgeria, complements, maquillatge i tractaments.

Majestic Hotel & Spa (1918) (5* gran luxe). Inicialment es va dir Majestic Inglaterra i no va ser fins al 1940 que va passar a anomenar-se, senzillament, Majestic. Avui, el Majestic compta amb més de 270 habitacions i suites amb totes les comoditats d'un establiment de luxe en un edifici d'estil neoclàssic. El restaurant de l'hotel té com a assessor gastronòmic a Nandu Jubany, tot un referent de l'alta cuina, guardonat amb una estrella Michelin. Són especialment recomanables l'*spa*, que compta amb banys de vapor, sauna i diversos tractaments corporals, el centre de *fitness* i, sobretot, l'espai La Dolce Vitae, al capdamunt de l'edifici, una terrassa al voltant de la piscina on es pot contemplar una

magnífica panoràmica de la ciutat.
Curiositats: el Majestic és la seu de
la coalició política Convergència i
Unió en cites electorals. És aquí on es
va elaborar el famós Pacte del Majes-
tic el 28 d'abril del 1996, en el qual la
coalició catalana es va comprometre
a recolzar al Partit Popular a canvi de
certes contrapartides.

En aquest hotel s'hi han allotjat,
entre moltes altres personalitats,
la Reina Maria Cristina, Antonio
Machado, Joan Miró, Charles Trenet
o Federico Garcia Lorca.

Brunello Cuccinelly. Aques-
ta firma italiana de luxe especia-
litzada en moda masculina i feme-
nina es troba als baixos de l'hotel
Majestic i té entrada pel carrer
València. A l'interior hi predomina
un ambient que convida a la rela-
xació gràcies als tons terra, al vori
i a les fotografies familiars que ens
transporten a la Itàlia natal del seu
fundador i a la tradició artesanal de
la firma.

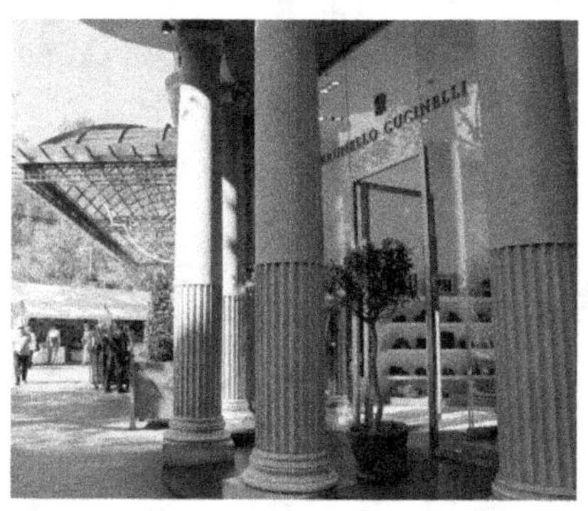

Carrer València direcció Besòs

València, 267

🍴 **Nueve Reinas.** És un restaurant argentí, per a amants de la bona carn, els nyoquis i els pedrers.

València, 274

👜 **Top Natural Fibers.** En aquesta botiga només es pot comprar roba de caixmir, seda, lli o qualsevol altra fibra natural, llisa o estampada.

València, 284

🏛 **Museu Egipci.** La Fundació Arqueològica Clos - Museu Egipci de Barcelona no és només una de les col·leccions privades d'art i de cultura egípcies més importants d'Europa, sinó que és també una entitat compromesa amb la investigació, l'estudi i la difusió de l'antiga civilització faraònica. Més de 2.000 m² amb més d'un miler de peces que van des de sarcòfags fins a mòmies, passant per joies, amulets i la possibilitat de poder realitzar la visita acompanyats d'experts egiptòlegs. A banda de l'exposició permanent i de les temporals, el museu ofereix també visites nocturnes, amb escenes dramatitzades per actors durant tot el recorregut, i una visita centrada en l'art culinari egipci, en la qual els visitants podran degustar els productes que formaven part de la dieta d'aquesta civilització.

El Museu Egipci va néixer el 1992 quan Jordi Clos Llombart, un mecenes i empresari català, president de la cadena hotelera Derby Hotels, va presentar part de la seva col·lecció privada a l'hotel Claris. Es tractava d'una selecció de 70 peces d'una col·lecció que havia començat a adquirir l'any 1975. A partir d'alesho-

res, l'èxit va ser tan gran que ben aviat va néixer la Fundació Arqueològica Clos i, en només dos anys, es va inaugurar el Museu Egipci de Barcelona a la rambla de Catalunya, que es va convertir en el primer museu monogràfic de temàtica faraònica a l'Estat espanyol. L'any 2000 es va traslladar a la seva ubicació actual i, des d'aleshores, ha rebut més de dos milions de visitants.

Horari hivern (7/01-21/06 y 12/09-30/11): dilluns a dissabte: 10-14 h i 16-20 h; diumenge: 10-14 h. Nadal (1/12- 5/01): dilluns a dissabte: 10-20 h; diumenge: 10-14 h

Horari d'estiu (22/06- 11/09): dilluns a dissabte: 10-20 h; diumenge: 10-14 h

Setmana Santa i festius: dilluns a dissabte: 10-20 h; diumenge: 10-14 h

Tancat 1 i 6 de gener, 25 i 26 de desembre. Visites comentades gratuïtes: dissabtes 11 h (català) i 17 h (castellà), incloses en l'entrada. Visites per a grups, reserva prèvia a visites @museuegipci.com

Preus: entrada general: 11 € / Entrada reduïda: 8 € (estudiants, aturats, famílies nombroses i monoparentals, Carnet Jove, carnet docent, majors de 65 anys i infants d'entre 5 i 15 anys) / Entrada gratuïta menors de 5 anys i membres de: Club d'Amics del Museu Egipci de Barcelona, Club Súper 3, ICOM, hostes de Derby Hotels

Informació: 934 880 188
www.museuegipci.com

Bus: 7, 16, 17, 20, 22, 24, 28, 39, 45, H10. Bus Turístic, rutes nord i sud
Metro: L1 (Catalunya), L2 (Passeig de Gràcia), L3 (Catalunya, Passeig de Gràcia), L4 (Passeig de Gràcia)
FGC: Provença-La Pedrera
Renfe: Passeig de Gràcia

València, 286

🍴 **Les gens que j'aime.** Es tracta d'un dels pubs més emblemàtics i amb el nom més curiós de la ciutat. La seva història es remunta a la *gauche divine* barcelonina dels anys seixanta. Estètica modernista, poca il·luminació, objectes i mobiliari antics i vellut, molt vellut vermell que convida a la conversa i a la intimitat tot escoltant música *soul.*

La ruta Sagnier

Enric Sagnier i Villavecchia (Barcelona, 1858-1931) és, potser, l'arquitecte que va projectar més edificis a la ciutat de Barcelona, amb gairebé tres-cents de catalogats. Membre de l'associació d'artistes catòlics del Cercle de Sant Lluc, seus són el modernisme més neogòtic i el classicisme més afrancesat. Aquesta ruta, que comença a la part més al sud de la plaça de Catalunya i acaba al capdamunt del passeig de Gràcia, proposa cinc edificis ben diferents: un banc, dos edificis residencials, una escola i una església, tots executats amb elegància i un punt d'excentricitat.

Plaça de Catalunya, 2
Antiga Banca Arnús (1927). A partir d'un edifici del 1873 al qual es va afegir l'edifici contigu, situat a l'angle de la plaça de Catalunya amb La Rambla, es va plantejar la possibilitat de monumentalitzar el conjunt. Amb el classicisme afrancesat que Sagnier cultivava en aquells anys, va resoldre la unió entre el cos ja existent i l'afegit de nova planta, harmonitzant-los gràcies a les cúpules dels extrems i les de l'angle, on se situa la nova entrada principal. L'edifici va ser seu primer de la Banca Arnús i després del Banco Central, i es va fer cèlebre el maig del 1981 quan s'hi va produir un assalt a mà armada que va durar més de trenta hores, va fer molts hostatges i va arribar a crear una situació de tensió màxima a la ciutat i a tot el país.

Passeig de Gràcia, 2
Casa Pascual i Pons (1884). Vegeu les pàgines 141-142.

Diputació, 250
Casa Rupert Garriga Nogués (1901). L'aspecte exterior podria fer pensar que es tracta d'un palau unifamiliar. El balcó sobre la porta d'accés està sostingut per quatre grans mènsules esculpides per Eusebi Arnau amb el tema simbòlic de les edats de la vida. Un tret inusual és l'annex de planta baixa i pis, que deixa a la vista una façana lateral i que correspon a la sala de billar del pis

principal i presenta un vitrall —obra de l'empresa A. Rigalt & Cia., autora també de la resta de vitralls de l'edifici—, que interiorment presenta una gran riquesa decorativa. Avui és la seu de la **Fundació Francisco Godia**, creada el 1998 per a recollir el llegat de l'empresari i col·leccionista Francisco Godia Sales i especialitzada en art medieval, ceràmica, dibuix i pintura del modernisme, i en art del segle XX.

▌ Passeig de Gràcia, 33
Escola de les Dames Negres (1916). Vegeu les pàgines 33-34.

▌ Diagonal, 450
Església i convent de Pompeia (1910). L'església, de tres naus separades per esveltes columnes, reprèn aspectes de la tradició gòtica catalana, com la nau central d'arcs coberts per bigues de fusta, mentre que la inventiva de l'arquitecte es fa present en els capitells d'estilització floral o en les obertures triangulars. A la façana de pedra destaca el treball escultòric de Josep Llimona: un relleu a la porta i una imatge de sant Francesc d'Assís al gablet superior. El convent neogòtic és més sobri, en la tradició franciscana de la humilitat, i combina la pedra amb el maó. Va ser fundat pel frare caputxí Rupert Maria de Manresa, gran admirador del santuari italià de Pompeia. Tot el conjunt va ser reconstruït després de la Guerra Civil Espanyola, procurant tornar l'aspecte original a l'interior.

Des de València fins a Aragó

Números 66-56

66

🏛 **Casa Vídua Marfà** (1905). Medievalisme, modernisme i gòtic civil defineixen el que actualment és la seu de l'Escola Superior de Relacions Públiques i Màrqueting i l'Escola de Comunicació, Turisme i Empresa, adscrites a la Universitat de Barcelona. L'edifici, projectat per l'arquitecte Manuel Comas i Thos, compta amb una espectacular entrada on destaquen les tres portes de fusta tallada amb motius gòtics, tres grans arcs de mig punt,

columnes gruixudes i capitells amb elements florals. Al vestíbul es repeteixen les arcades i les columnes que donen accés a dues escales i a l'esplèndida claraboia de cristalls policromats. De la façana, és imprescindible fixar-se en les tribunes gòtiques del primer pis, la galeria superior que ocupa tot el xamfrà, les torres acabades en aguts frontispicis i les nombroses gàrgoles amb motius d'animals. Qui és capaç de trobar una granota amb dents o un mico rentant-se?

Sanremo. És sinònim de perfumeria, cosmètica, productes d'higiene i de perruqueria de les marques més conegudes.

Caffé di Francesco. La coneguda cadena de cafès del món amb decoració rústica, sempre ens suggereix l'aroma d'una bona tassa de cafè, potser acompanyada d'una pasta dolça.

64

Timberland. Els 240 m² d'aquesta companyia nord-americana, nascuda el 1978, estan dedicats a calçat, roba esportiva i de muntanya i accessoris per a dones, homes i nens; tot fabricat amb un compromís absolut amb el medi ambient.

Sixtyfour. Luxosos i exclusius apartaments. Completament reformats, els apartaments disposen d'una, dues o tres habitacions i compten amb grans espais on la prioritat és el disseny, la llum natural i la qualitat dels materials.

Tascón. Aquesta marca va ser fundada el 1959 per José Tascón i compta ja amb més de 16 botigues repartides entre Barcelona i Madrid per tal de poder oferir a l'home i a la dona les primeres marques en calçat: Clarks, Panama Jack, Camper o Nike, entre d'altres.

62

 **Casa del Llibre.** Vegeu el comentari destacat a la pàgina 136.

 **Sixtytwo** (4*). Al vestíbul d'aquest exclusiu hotel ja podem intuir què trobarem a la resta de l'edifici: Moooi, Vitra, B&B o Philipe Starck. I a les 45 habitacions, televisors Bang & Olufsen, telèfons Jacob Jensen o aixetes Tangent. Disseny i interiors modernistes del 1897 en un ambient tranquil i cosmopolita i una àmplia oferta de serveis complementaris, com rutes enològiques i de compres o massatges tonificants, entre d'altres.

60

Casa Olano (1885). Aquesta casa és també coneguda com la *Casa del Pirata* i **Edifici Elcano.** Es tracta d'un edifici vuitcentista, derivat del classicisme, obra de Tiberi Sabater i Carner. Destaca l'àmplia façana simètrica i una fornícula on hi ha una escultura del mariner Juan Sebastián Elcano, obra de Francesc Font. Unes plaques en català i eusquera recorden que aquest edifici va ser la llar de la Delegació d'Euskadi a Catalunya durant la Guerra Civil Espanyola (1936-1939).

Replay. Marca italiana amb més de 200 botigues a tot el món, fundada l'any 1981 per Claudio Buziol. Roba urbana per a home, per a dona i per als més menuts; òptica, calçat i perfums. És remarcable l'espectacular treball d'interiorisme, que ja s'anuncia amb l'aparador, on la paret del darrere suporta un jardí vertical. Després hi ha una esplèndida escala que puja a la primera planta, el pati de llums i un pati-jardí al fons.

Curiositat: el nom de la marca se li va ocórrer al seu fundador quan estava veient per la tele la repetició *(replay)* d'una jugada en un partit de futbol.

Txapela. Aquí es poden degustar els famosos pinxos bascos, petites porcions de pa amb algun aliment a sobre, que cal regar amb el deliciós vi blanc xacolí, amb sidra o amb *zuritos* de cervesa, unes petites degustacions d'aquesta beguda. Un altre restaurant de la firma es troba al número 10 del passeig.

La Baguetina Catalana. Menjar ràpid, entrepans i porcions de pizza per a les butxaques més reduïdes.

Burberry. Ocupa tot el xamfrà del carrer Aragó, en un monumental edifici de l'arquitecte Joan Padrós, edificat el 1935 i reformat el 2011. Roba, sabates, perfums, rellotges, bosses de mà i de viatge i tot tipus de complements amb el famós emblema del cavaller anglès assegut en un elegant corser. Aquesta firma, fundada el 1856, vesteix, entre altres personalitats, la família reial anglesa. **Curiositat:** construït com a seu de la Sociedad Anónima Cros, va ser un dels primers edificis íntegrament comercials del passeig.

Carrer Aragó direcció Besòs

Aragó, 282

Madrid–Barcelona. Aquest conegut i reformat restaurant del carrer Aragó deu el seu nom al tren que sortia cap a Madrid a mitjan anys cinquanta i que passava a tocar de les seves portes. Cuina catalana

de temporada amb una excel·lent relació qualitat-preu, envoltada d'una ambientació càlida i tradicional.

Des d'Aragó
fins a Consell de Cent

Números 54–44

54

🏛 💰 **Edifici Banco Pastor** (1982). Projectat per l'arquitecte Josep M. Fargas Falp, aquest immoble singular que ocupa tot el xamfrà, de plafons de color marró i amb el nom del banc que és ara filial del Banco Popular encara a dalt de tot, és avui un edifici d'oficines.

52

🛍 **Geox.** *Geo*, en grec, vol dir 'terra'. La *X* fa referència a la tecnologia. Nascuda l'any 1990 a Itàlia, en aquesta botiga de 340 m² de tons càlids i interiorisme elegant s'hi poden trobar, a més de pantalons, jaquetes i complements, tota mena de models de sabates amb la sola

de goma amb membrana microporosa per a facilitar la transpiració que tants d'èxits ha proporcionat a aquesta marca. Un altre establiment al mateix passeig és al número 9-11.

Maria Candelas. Tot el mobiliari i accessoris que es puguin somiar per a la casa són aquí: articles de fabricació exclusiva i disseny propi, una gamma pròpia de perfumeria, una selecció de marques internacionals de mobiliari, llums i cortinatges, i porcellanes de Versace o aixetes decorades amb cristall de Swarovski.

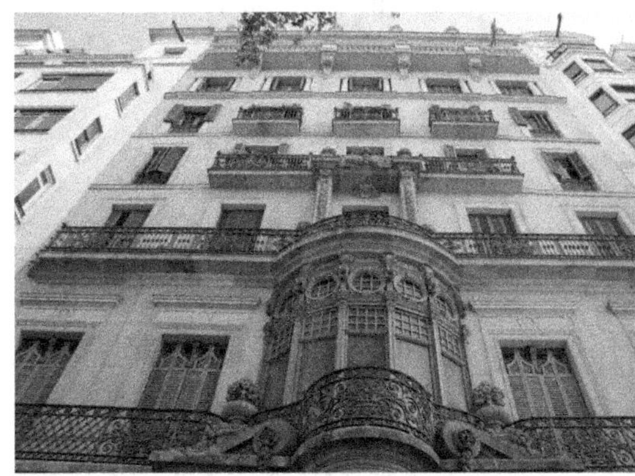

arriba i dóna suport a la galeria del pis superior, amb balustrada correguda, que enllaça tots els balcons. Unes escultures que representen grans gerros coronen la balustrada del terrat.

Casa Casarramona (1923). Obra de l'arquitecte Josep Puig i Cadafalch, de la seva època groga, quan ja s'havia allunyat del modernisme i utilitzava un llenguatge més sobri i racionalista. Destaca la tribuna de fusta del pis principal que

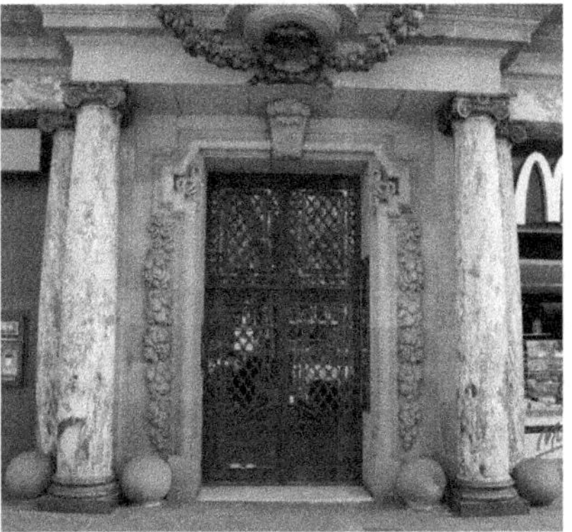

McDonald's. Establiment de la coneguda cadena nord-americana de menjar ràpid, que ha canviat l'habitual color vermell pel verd, més ecològic i adaptat als temps.

46

🛍 **Swarovski.** Un cigne blanc dóna la benvinguda als boscos gelats d'aquest univers del cristall tallat, màgic i exclusiu. Fundada l'any 1895 per l'artesà Daniel Swarovski, nascut al regne de Bohèmia, ara República Txeca, la cinquena generació de la família segueix oferint tota mena de productes amb els cèlebres cristalls: bijuteria, accessoris i il·luminació, entre d'altres. A aquesta botiga, de 84 m², hi destaca un candeler amb més de 10.000 cristalls i uns prismes brillantíssims que cobreixen les parets.

🛍 **Joieria Gràcia.** Té el seus orígens a l'any 1897 i compta amb més de trenta anys d'experiència en la compra-venda de rellotges i joies d'ocasió.

44

🛍 **Philipp Plein.** Luxe contemporani i cosmopolita de la mà d'aquest dissenyador alemany. Roba i complements per a l'home, la dona i els nens. Tot concentrat en 210 m², repartits en dos nivells on les llums, les ombres sobre pedra blanca i els miralls fan encara més

destacables els productes exposats. Impressiona la gran làmpada d'aranya amb calaveres de cristall de Murano i el gran crani adornat amb milers de cristalls Swarovski que presideix l'entrada.

🍴 **Tapa Tapa.** «Què seria la vida sense tapes?» Això és el que es pregunta aquesta cadena de restaurants. Un altre lloc al centre de la ciutat on poder degustar una carta amb més de cinquanta tapes diferents, a l'interior o a la terrassa.

🍴 **Citrus.** Al primer pis del xamfrà amb Consell de Cent. L'any 2008, el premi nacional de disseny, Toni Arola, li va oferir l'aspecte actual i càlid que t'envolta així que entres al restaurant. Fusta, negres, grocs i vermells per a degustar receptes modernes i plats tradicionals mediterranis. Destacables l'emblemàtic trio de sorbets cítrics i el plat estrella: el gratacels de tomàquet i mozzarella amb ruca i olivada. Els dijous, música en viu.

Carrer Consell de Cent direcció Besòs

Consell de Cent, 355

🛍 **Gioricky Concept Store.** *Outlet* a tocar del passeig de Gràcia especialitzada, sobretot, en marques italianes com Just Cavalli, Dolce&Gabana, Tru Trussardi, Dsquared, Blauer o Gucci. A més, accessoris de Balenciaga, Lanvin i una marca pròpia per a tots aquells que vulguin descomptes de marques de primer nivell al voltant del 40 i el 60%.

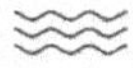

Consell de Cent, 314

🛍 **Agatha Ruiz de la Prada.** Estrelles, flors i cors de totes les dimensions i colors imaginables. Roba divertida i atrevida per a home, dona i nens, i complements per a la llar envoltats de parets, sostres i terres d'un pujadíssim color magenta.

Consell de Cent, 320

🛍 **Capdevila.** Establiment amb una llarga tradició a la ciutat. Quatre generacions de joiers i argenters presents en l'àmbit de la joieria i l'orfebreria catalana des del 1905. Joieria contemporània, peces úniques, estudi de projectes, peces per encàrrec i restauració de joies antigues i modernes.

Curiositat: des de l'any 1956, aquesta joieria és l'encarregada d'elaborar la joia que representa la lletra *fi* de l'alfabet grec i que és el premi que el jurat del premi Lletra d'Or atorga a la millor obra escrita en català l'any anterior. Algunes de les persones que l'han rebut recentment són: Joan-Lluís Lluís, Júlia Guillamon, Josep M. Espinàs o Empar Moliner.

Consell de Cent, 324

🛍 **Salvador Serra / Raig.** Són dos establiments històrics de fotografia i instruments de meteorologia i astronomia que han deixat les seus de passeig de Gràcia 22 i plaça de Catalunya, respectivament, i han reobert les portes junts en aquest local on continuen oferint serveis de revelat i còpies de fotografia analògica, i instruments de mesura de meteorologia i astronomia.

Vista a terra: els panots

Caminar pel passeig de Gràcia és sinònim d'alçar la mirada i trobar-nos amb edificis històrics, botigues de luxe, comerços tradicionals, hotels singulars i gastronomia rica i variada, però quan baixem la mirada cap a terra ens trobem amb una sorpresa que no hauria de passar desapercebuda: els panots.

El més conegut, perquè és obra del mateix Antoni Gaudí, és un paviment creat el 1904 per la fàbrica Escofet que podem trepitjar de punta a punta del passeig. Es tracta d'un panot hexagonal, d'una tonalitat verda i grisa, de quatre centímetres i mig de gruix, conegut popularment com a *mosaic Gaudí*, que mostra un tret característic a l'obra del cèlebre arquitecte català: l'observació minuciosa de la naturalesa. En aquest cas, les figures del panot, observables només si es combinen entre ells de manera adequada, ens traslladen al fons marí amb les formes d'un cargol, d'una estrella de mar i d'una alga —per alguns, un pop—. El fet que Gaudí triés motius marins és perquè originàriament van ser pensats per a col·locar-los davant i a l'interior de la Casa Batlló, on el mar i l'aigua hi són omnipresents, però finalment es van col·locar a la Casa Milà i, posteriorment, a tot el passeig de Gràcia. L'única diferència dels panots actuals respecte als originals és que a partir del 1997 el relleu es transforma en gravat per tal de millorar-ne l'adherència i suportar millor el desgast amb el pas del temps.

El mosaic Gaudí es combina, al passeig de Gràcia i a la resta de Barcelona, amb altres panots igualment característics. El més conegut és la Rosa de Barcelona, que s'ha adaptat en format rodó i de color rosa per a indicar la **Ruta del Modernis-**

me (un recorregut pels principals punts modernistes de la ciutat), però és possible trobar fàcilment els altres quatre models: les pastilles de xocolata, les quatre rodones, les circumferències concèntriques i els rombes. Les seves mesures són sempre les mateixes: 20 × 20 cm, van ser fabricats també per la casa Escofet i es troben a la Ciutat Comtal des del 1916.

Tots aquests panots es poden adquirir, en diverses mides, formes i estils, o es troben impresos en bosses, capses, xocolatines i tota mena de productes imaginables a la majoria de les botigues de turisme i *souvenirs* de la ciutat.

I, sense deixar de mirar a terra, de tant en tant també ens podem trobar uns panots de color verd just davant d'algun arbre. Gràcies a ells sabrem, en català, en castellà i en llatí, de quina espècie es tracta.

Des de Consell de Cent fins a Diputació

Números 42–32

42

🛍 **Miu Miu.** Aquesta va ser la primera botiga del grup Prada a Barcelona. Dues plantes que simulen una gran caixa de seguretat on, exposats com a joies, s'hi poden adquirir les col·leccions de *prêt-à-porter*, les bosses, les sabates, les joies i els accessoris de la néta més jove de Mario Prada.

🛍 **Llorenç.** Aquesta joieria és garantia de qualitat. Tercera generació d'una família barcelonina que des del 1934 ofereix peces de manufactura pròpia i exclusiva.

38 40

🛍 **Brioni.** Està considerada una de les millors sastreries del món. Va néixer el 1945 a Roma i des del 1985 té la seva pròpia escola de sastres. Ocupa 300 m² repartits en tres plantes amb una zona de *lounge* per a poder relaxar-se mentre prenen mides.

Curiositat: aquesta botiga és la número 65 i es va inaugurar pel 65è aniversari de la firma.

Mandarin Oriental (5*). És un dels més exclusius i luxosos de la ciutat. Això és el que es respira quan es travessen els relleus de les columnes a peu de carrer i s'enfila la llarga rampa de la que va ser la seu del Banco Hispano Americano. Disposa de 93 habitacions i 27 suites amb vista al passeig de Gràcia i als jardins interiors. A destacar: la suite Penhouse de 236 m^2 que ocupa tot el pis superior; el restaurant Moments, dirigit per la prestigiosa Carme Ruscalleda, guardonada amb set estrelles Michelin, i el seu fill Raül Balam, i, per suposat, els jardins interiors, el terrat i la piscina, des d'on es pot gaudir d'unes vistes privilegiades de la ciutat. Un *spa* de luxe, que ocupa 1.000 m^2, disposa de vuit cabines per a tractaments, piscina, un centre de *fitness* i serveis complementaris.

Tiffany's & Co. L'única cosa que li falta és l'Audrey Hepburn esmorzant davant de l'aparador. No li falta, a aquest establiment, el luxe

vinculat a la marca, sempre, amb l'omnipresent i patentat color Blau Tiffany. Tres pisos connectats per una llum en forma de llaç i separats per categories: alta joieria, anells de compromís i joieria actual. Els detalls, cuidats fins a l'extrem, són una màxima que aquesta firma aplica sense excepció.

Mango. La marca de l'empresari català Isak Andic té aquí la botiga més gran a la Ciutat Comtal. Ocupa 1.500 m^2 distribuïts en dues plantes, sostres alts, grans pantalles i il·luminació molt acurada on es poden trobar totes les línies actuals de la firma: H.E. by Mango, Mango Touch, Mango Kids i Mango Sport & Intimates.

Punt Roma. El seu lema, «talles grans per a tot tipus de dona», es manté amb un perfecte equilibri qualitat-preu.

Adolfo Domínguez. La il·luminació amb clarobscurs acompanya

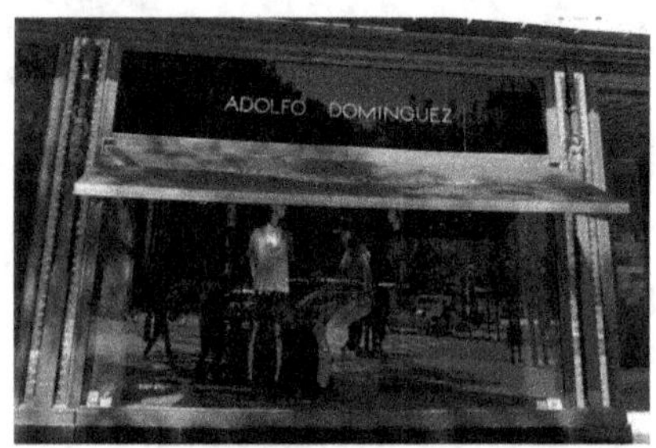

la característica roba i complements, atemporal i elegant, per a tota la família, d'aquest dissenyador gallec. «L'arruga és bella» va ser el seu lema dels anys vuitanta i ara és present a 42 països. El seu compromís amb el medi ambient es reflecteix en les seves cre-

acions, sense l'ús de pells exòtiques, en les bosses de material reciclable o en la temperatura dels seus locals.

Hostal Oliva (2*). Des de l'exterior no s'intueix, però així que passem entre els aparadors d'Adolfo Domínguez i entrem al vestíbul de l'edifici ens trobem amb un il·luminat pati interior, sostres altíssims, columnes dòriques, escalinates senyorials i un ascensor de fusta del segle passat. Al quart pis, una pensió econòmica, senzilla, però de qualitat.

Carrer Diputació direcció Besòs

Diputació, 269

Tapas 24. Aquest és un dels molts restaurants que l'antic cuiner d'El Bulli, Carles Abellán, té repartits per tot el món. Aquí hi trobarem, a preus raonables, productes frescos i tapes de qualitat en un ambient informal i distès. Un homenatge al *bareto* de tota la vida.

Diputació, 273

Thai Barcelona. Ho diuen el seu nom i el seu lema: *«Thai Barcelona. Royal Cuisine. It's a thai garden!»*. Un espai, doncs, amb aromes,

sabors i sensacions que transporten directament a l'antic regne de Siam, envoltats de plantes, deesses i fusta tallada amb simbologia tailandesa. També fan menjar per a emportar-se.

Diputació, 264

St. Moritz (4*). L'edifici està catalogat d'interès històric des del 1883, és hotel des del 1990 i va ser completament reformat l'any 2010. Disposa de 91 habitacions en les quals es barreja el classicisme de la Barcelona senyorial amb elements més moderns de l'hostaleria contemporània.

Des de Diputació fins a Gran Via de les Corts Catalanes

Zara Home. Gairebé 2.000 m² en tres nivells d'accessoris per a la llar en una botiga on el blanc i la lluminositat hi són omnipresents.

Divinus. Aquest restaurant fusiona la cuina internacional i la cuina mediterrània moderna. Especialitats en carns a la brasa amb verdures, amb un disseny urbà i modern i molt bona relació qualitat-preu. Disposa de taules a l'aire lliure.

Casa Antoni i Marc Rocamora (1913). Edifici modernista projectat pels germans Joaquim i Bonaventura Bassegoda Amigó, on destaquen els relleus florals, els perfils sinuosos dels balcons i, alçant més la vista, el capcer foradat i el drac enroscat al voltant del pinacle que hi ha a la cantonada.

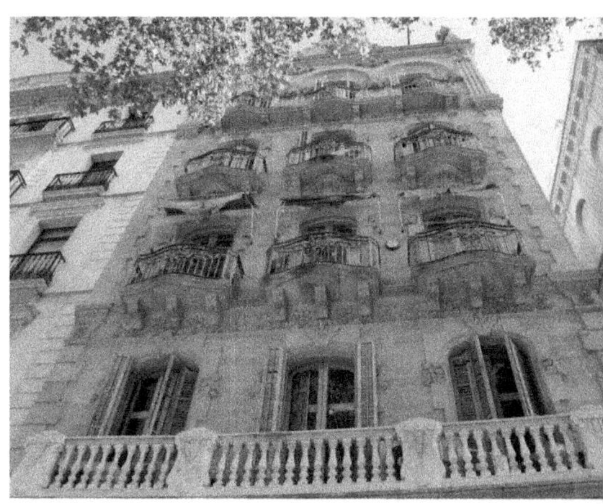

🛍 **Señor.** Com el seu nom indica, aquesta sastreria confecciona vestits d'home a mida. I ho fan en només deu dies, des que Josep M. Ribas Prunés i Ignasi Closas Augé inauguressin el seu primer local l'any 1961 a Manresa. La marca disposa de set establiments i arriben a fer fins a 15.000 vestits en un any.

🍴 **El Nacional.** Un multiespai gastronòmic per a gaudir de receptes tradicionals de la península Ibèrica: tapes, carns, peixos, coques, dolços i barres per a vins, cerveses, còctels, ostres o caviar. Té capacitat per a 770 comensals i ocupa 3.500 m² d'un edifici de vuit metres d'alça-

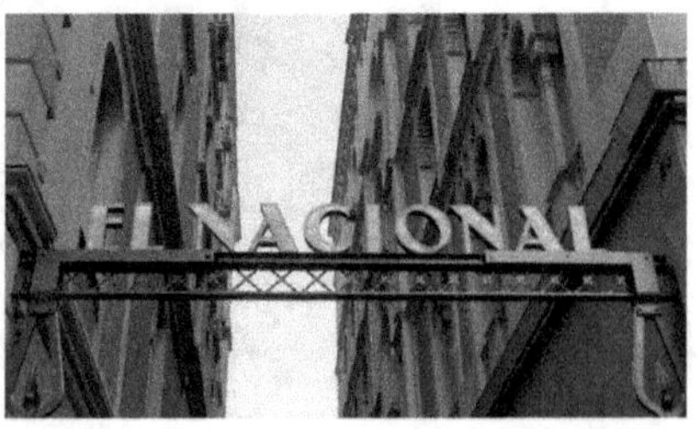

da i una coberta caracteritzada per la volta catalana, representatiu de l'arquitectura industrial del segle XIX. **Curiositat:** aquest espai, on abans va haver-hi un viver, entre 1840-1863 va ser el jardí amb servei de begudes El Criadero i, entre 1870-1900, va estar ocupat pel Teatro Español. L'edifici actual va acollir la fàbrica de teles i tints Tenería Moderna Franco Española, el primer concessionari de vehicles de la ciutat i un pàrquing, entre altres usos.

🏛 **Casa Pere Llibre** (1872). Aquesta casa és de les poques d'estil neoàrab que encara queden a Barcelona. Projectada per l'arquitecte Domènec Balet i Nadal, la casa tenia originàriament un edifici bessó a l'altra banda del passatge amb el qual fa cantonada. L'any 1962 es va fer la reforma dels baixos en un estil *art déco* força diferent de la resta. Afortunadament, encara podem admirar les formes islàmiques de la façana com ara els plafons de terra cuita, els guixos amb motius geomètrics i les baranes de forja dels balcons.

🍴 **Qu Qu.** Són les inicials de Quasi Queviures, un restaurant on quasi som transportats a una botiga de queviures del segle passat, ja que la decoració emula el típic

plaça Reial i el 1940 es va traslladar a la seva ubicació actual. Deu l'èxit a la qualitat de les seves teles i, sobretot, al tracte més que excel·lent que ofereix als clients.

pis de l'Eixample barceloní: terres hidràulics, ambientació colorista i grans finestrals. El local consta de dues sales, terrassa i un racó especial per al pernil ibèric, els embotits de qualitat i la cuina casolana de l'àvia: canelons, macarrons o paella de marisc, entre altres especialitats.

22

 **Mango Kids.** Una botiga dedicada en exclusiva a la moda infantil, de qualitat i a bon preu. Un local de 430 m² per a nens i nenes de 3 a 12 anys.

20

 **Bel.** Una de les sastreries més antigues de Barcelona. L'any 1842 ja va obrir la seva primera botiga a la

18

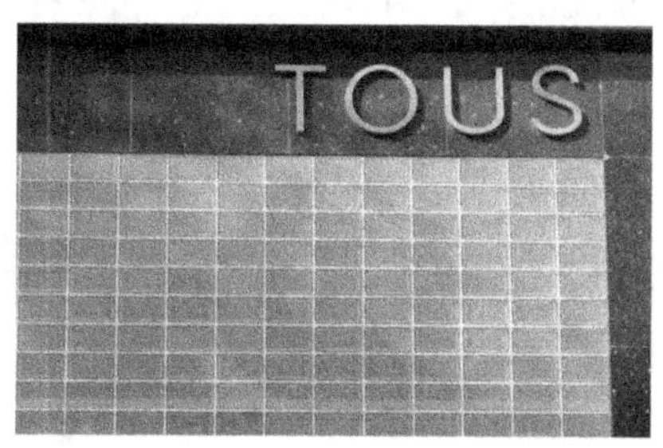

Tous. Aquesta botiga, distribuïdora oficial de la marca de rellotges Rolex, és una de les 400 que té aquesta firma a 45 països. Joies, bosses, perfums, complements i, és clar, el cèlebre osset creat el 1985 per la Rosa Oriol. Ocupa la seu de la històrica joieria J. Roca, fundada el 1888, i que va tancar les portes el 2008 per jubilació. L'arquitecte Josep Lluís Sert, el 1934, va dissenyar

la façana i l'interiorisme, d'estils del tot racionalistes. Disposa d'un altre establiment al número 75 del passeig de Gràcia.

🍴 **Subway.** Aquesta és una de les cadenes de restaurants de menjar ràpid que qualsevol persona ha vist en algun moment a qualsevol lloc del planeta, sobretot si ha travessat l'Atlàntic. Compta amb més de 42.700 establiments repartits en 108 països i és cèlebre pels seus entrepans, les seves amanides i, sobretot, pel sandvitx Submarí, popularment conegut com a Sub, farcit de carn, embotits, formatges, verdures i salses variades.

Gran Via de les Corts Catalanes direcció Besòs

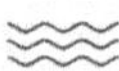

Gran Via de les Corts Catalanes, 636
🛍 **The North Face.** Firma nordamericana especialitzada en vestuari, calçat i equipament esportiu, que des del 1968 passeja el seu logotip per tots els terrenys imaginables: des dels cims de l'Everest, lloc on es va popularitzar, passant per les pistes d'esquí, les selves amazòniques, les travesses oceàniques o les caminades sota la pluja pel passeig de Gràcia. Són famoses i eficients les seves peces impermeables creades amb teles HydroSeal i GoreTex.
Curiositat: el logotip de The North Face està inspirat en el vessant nord del cim Half Dome, a la Vall de Yosemite, Califòrnia.

Gran Via de les Corts Catalanes, 642
🛍 **Menkes.** Un punt de referència del sector de les botigues de disfresses que ofereix des del 1950 vestits i accessoris per a qualsevol esdeveniment imaginable. Flamenc? Menkes ho té. Vestits d'etiqueta? També. Dansa, sastreria teatral o superherois.

Gran Via de les Corts Catalanes, 644
🏨 **HC Passeig de Gràcia** (4*). Hotel de 74 habitacions en un edifici d'estil neoclàssic, equipat amb piscina, solàrium i amb tots els serveis de la seva categoria.

El passeig *intel·ligent* de Gràcia

L'Ajuntament de Barcelona ha decidit convertir el passeig de Gràcia en el primer carrer *intel·ligent* de la ciutat. La tecnologia (sensors i fibra òptica) instal·lada al llarg d'una sèrie de punts estratègics de l'avinguda permet obtenir conjunts de dades que serveixen per a gestionar millor els serveis i els recursos municipals. Per exemple, regular la il·luminació del passeig segons el flux de pas de vianants o el trànsit segons els nivells de contaminació atmosfèrica, monitoritzar la qualitat de l'aigua de les fonts públiques o mesurar el nivell de contaminació acústica d'una terrassa o d'un local. Aquestes iniciatives es duen a terme de manera continuada i suposen una millora en els serveis de recollida d'escombraries, rec, il·luminació o en la fluïdesa del trànsit.

A més, la instal·lació de nodes de *Wi-Fi* assegura l'accés a Internet gratuït per als vianants, que poden localitzar restaurants, hotels o botigues o consultar els horaris dels museus i de les exposicions o del transport públic de la zona a través dels seus *smartphones* sempre que vulguin: tota la informació, a l'abast de tothom.

Les llibreries

Els llibres també tenen el seu espai al passeig de Gràcia. Novel·la, poesia, assaig, guies, mapes, revistes, diccionaris o llibres electrònics es poden trobar fàcilment a les llibreries del passeig i als seus voltants.

Casa del Llibre (passeig de Gràcia, 62). Fundada el 1923 i absorbida el 1992 pel Grup Planeta, la Casa del Llibre compta amb set llibreries a Barcelona. Llibres especialitzats en totes les matèries imaginables amb una amplíssima selecció de novetats editorials, llibres electrònics, música i cinema.

Jaimes (València, 318). És la llibreria francesa de Barcelona i es troba a pocs metres del passeig de Gràcia. S'hi poden adquirir llibres en francès, català, castellà, anglès, italià i portuguès. Organitza taules rodones, presentacions, conferències i exposicions. Des de l'any 1951 i fins al 2013 va ser una de les llibreries tradicionals del passeig de Gràcia. Ara, des del carrer València, segueix sent rellevant la seva oferta de novetats franceses de literatura i assaig, així com una àmplia, acurada i *mimada* secció infantil.

Documenta (Pau Claris, 144). Des del 1975 i fins al 2014 va ser una de les principals llibreries del barri de Ciutat Vella. Ara, des de l'Eixample, ha començat una nova etapa amb el rigor, la proximitat i la professionalitat de sempre. A banda de les novetats literàries, disposa d'una acurada selecció en art, ciències humanes, història, antropologia i filosofia. Ideal pels qui busquin un tracte proper i especialitzat.

Laie (Pau Claris, 85). Ho diu el seu lema: «Laie, el plaer de la cultura». I ho diu el seu logotip: una tassa de cafè fumejant sobre un llibre. Es tracta d'una llibreria-cafè-restaurant de dues plantes amb un pati interior ideal per a llegir, descansar i relaxar-se, que compta amb una acurada selecció de novetats de fons nacional i estranger.

Altair (Gran Via de les Corts Catalanes, 616). És una llibreria especialitzada en viatges, rutes, antropologia i natura. Dues plantes amb tot tipus d'informacions per a les persones viatgeres, condicionades amb espais amables, amb butaques i tauletes on poder llegir i consultar sense preses.

Des de Gran Via de les Corts Catalanes fins a Casp

Números 16-6

Casp

16

🏛 **Edifici Banco Rural y Mediterráneo** (1953). L'encàrrec que va rebre l'arquitecte Agustí Borrell Sensat va ser el d'imitar l'edifici del xamfrà oposat, el del Banco Vitalicio (actual Generali), cosa que s'aprecia si es contemplen els dos edificis. La doble planta que sobresurt a la part superior, coneguda com a Terrassa Martini, va ser d'ús públic durant molts anys. A l'entrada destaquen els relleus en pedra i les imponents columnes corínties.

🛍 **Zara.** Emblemàtica botiga per a tota la família on es poden trobar totes les col·leccions de la firma: Zara Woman a l'entrada, Trafaluc al fons, Zara Kids en una banda, Zara per a l'home al pis de dalt i Zara Home a la planta inferior.

Casas Rocamora (1920). Els tres edificis contigus, que van des del número 12 fins al xamfrà del carrer Casp, van ser unificats per una mateixa façana pels arquitectes, i també germans, Joaquim i Bonaventura Bassegoda Amigó. El conjunt és de marcat estil neogòtic amb referències medievals. A la façana hi destaquen quatre sèries de tribunes amb miradors, els pinacles que sobrepassen les baranes del terrat i quatre cúpules. Just al xamfrà, una torre circular amb pinacles corona l'edifici. Com les cúpules, la coberta de la torre està feta d'escates de ceràmica de color ataronjat que contrasten amb la pedra blanca de la façana.

Furest. Empresa familiar dedicada a la moda masculina. L'any 1898, Estanislau Furest va obrir una botiga a la plaça Reial i el 1917 es va traslladar al passeig de Gràcia, on va esdevenir imprescindible per a tots aquells que buscaven confecció i camiseria d'home de fabricació pròpia i de qualitat, sota el lema: «Un espai per a cultivar una forma de vida». També disposa de sabates, de perfums i de primeres marques d'articles de regal i de viatge. Sense oblidar un espai de roba funcional femenina.

& Other Stories. Aquesta és la setena botiga de la marca a Europa. Decorada a l'estil novaiorquès i entre un blanc omnipresent, en els seus 600 m² distribuïts en tres plan-

tes, s'hi poden adquirir, cistella en mà, roba, joies, accessoris, bosses, calçat, sastreria masculina, femenina i productes de bellesa.

 **Txapela.** Un establiment germà del que hi ha al número 58 del passeig, per a seguir degustant, a l'interior o a la terrassa, la famosa gastronomia basca a preus ajustats: vins xacolís, *pintxos, zuritos* de cervesa o sidres.

6

Emporio Armani. La botiga d'un dels dissenyadors italians de més prestigi, Giorgio Armani. Amb una pantalla gegant que dóna la benvinguda i que mostra les desfilades de la firma, disposa de 620 m² distribuïts en tres plantes on es poden trobar col·leccions completes per a l'home i la dona, així com

roba interior i de bany, joieria i tota la gamma de productes, accessoris, *delicatessen*, xocolates, conserves i tes de la marca.

Felgar. El nom és un acrònim de la seva fundadora, FELicitas GARcés Broto. Es tracta d'un negoci familiar de tercera generació fundat el 1963 que ofereix primeres marques de moda femenina: des de DKNY fins a Armani, passant per Michael Kors, Twin-Set, Aldo Martins o Liu-Jo.

Carrer Casp direcció Besòs

Travessant el carrer Casp, i amb precaució, cal girar el cap en direcció Besòs. Des d'aquest punt es pot veure, més enllà de l'Eixample, la majestuosa i acolorida Torre Agbar (acrònim d'Aigües de Barcelona) de l'arquitecte Jean Nouvel inaugurada l'any 2005. Un edifici de 31 pisos i 142 metres d'alçada folrat per 59.619 làmines de vidre.

Casp, 1-13

 **Barcelona Atiram** (4*). Un establiment a pocs minuts de tot arreu que consta de 79 habitacions i des d'on es pot gaudir, des de la terrassa de la setena planta, d'unes impressionants vistes panoràmiques de la plaça de Catalunya.

Casp, 19

Mussol. Restaurant de cuina catalana per a gaudir de verdures de temporada i carns preparades amb receptes tradicionals.

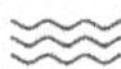

Casp, 2

Bracafé. Des del 1929, va ser un punt de trobada i tertúlia per als barcelonins en ple centre de la ciutat. Prendre un cafè de qualitat o fer una cervesa i un mos va estar sempre una exquisidesa en aquest racó tra-dicional, a la planta baixa o al soter-rani, allunyats del trànsit que es mou a molt pocs metres, al passeig.

Casp, 8

Teatre Tívoli (1849). Va tenir els seus inicis als anomenats Jardins del Tívoli el 1849, de la mà de Bernat-Agustí de Las Cases. Hi ha constància d'un «teatre d'estiu», que feia les seves funcions a l'aire lliure i que va motivar que el 1880 s'hi edifiqués un teatre d'obra. No obstant això, l'edifici actual, al mateix emplaçament, és del 1919. Aquesta sala d'espectacles d'estil neorococó, amb una capacitat per a 1.643 persones, encara manté alguns elements originals, com ara les motllures, els motius florals en daurat i el vermell de les butaques i les cortines. És destacable la marquesina de ferro, vidre i bombetes de l'entrada principal.

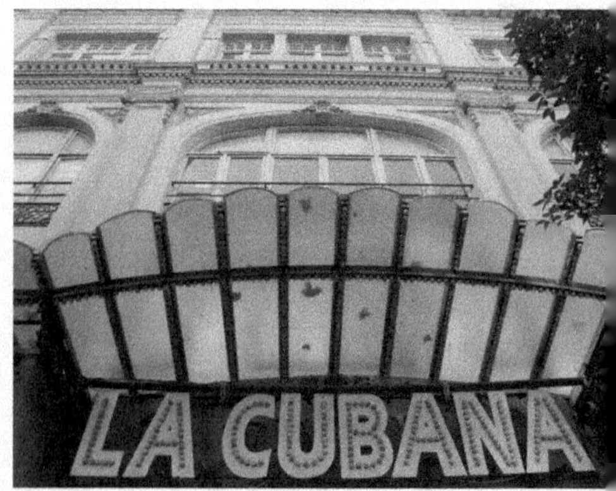

Des de Casp
fins a ronda de Sant Pere

Números 4–2

4 **2**

🏛 **Casa Pascual i Pons** (1891). Va ser el primer edifici modernista del passeig de Gràcia, obra d'Enric Sagnier i Villavecchia. Es tracta de dos blocs d'habitatges independents, per a les famílies de Sebastià Pascual i d'Alexandre Pons, resolts amb una imatge unitària. Hi destaquen les formes neogòtiques de la façana, l'ús generalitzat de la pedra, les floritures de les finestres i les torres —una circular i l'altra poligonal—, acabades en punta i amb pinacles a la cornisa. A l'entrada principal del número 2 es pot observar la rica ornamentació original, la xemeneia i les vidrieres. Els interiors estan enri-

quits amb mobiliari de procedència alemanya i aportacions d'artesans i artistes, entre els quals destaquen els vitralls de la casa Rigalt i Granell o els tapissos pintats per Alexandre de Riquer.

Navarra. Situat al xamfrà del carrer Casp, està dedicat a la gastronomia autòctona catalana i a la cuina de Navarra i del País Basc. Envoltats de fusta i de la gran claraboia amb vitralls del sostre, són especialment recomanables l'amanida amb formatge de cabra, el filet de bou i el milfulls de pasta fullada ametllada.

Swatch. El 1983 va revolucionar la indústria del sector en fabricar rellotges de plàstic de cinquanta-una peces, quan tradicionalment es feien de noranta-una.

Dino. Gelateria fundada el 1978 per l'italià Dino Pavese i que ja compta amb 45 establiments a Catalunya i les Balears. Hi tenen des dels clàssics de vainilla, nata o xocolata variada, fins a especialitats de *stracciatella*, rocafort o gelats dietètics.

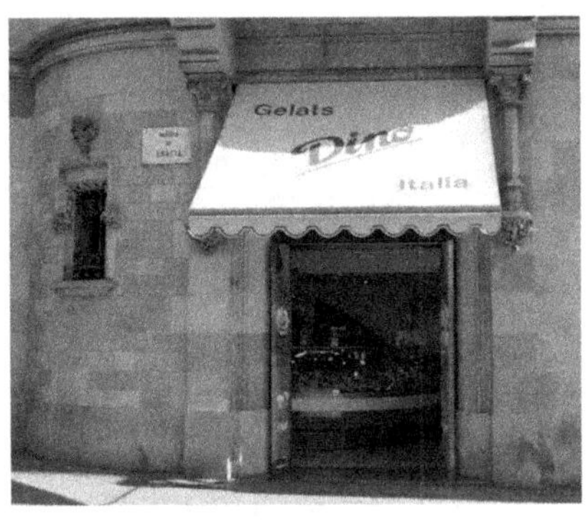

Punt 1995. Botiga dedicada a la moda femenina de teixit de punt i complements.

Camper. Segon establiment d'aquesta marca de sabates d'origen mallorquí al passeig de Gràcia, l'altre és al número 100. Botigues modernes, senzilles però molt innovadores on s'hi troba calçat d'home, de dona i d'infant.

Farggi Café. Gelateria catalana amb més de 60 botigues sorgida a partir de les pastisseries Farga. S'hi poden degustar gelats, cafès, tes i pastes, entre altres elaboracions, de la màxima qualitat, sota el paraigües dels seus tres lemes: satisfacció, lideratge i excel·lència. Compta amb una àmplia i concorreguda terrassa.

Plaça de Catalunya

Aquesta plaça de gairebé cinc hectàrees està considerada el centre neuràlgic de la ciutat de Barcelona i és el punt d'unió entre el nucli antic, el districte de Ciutat Vella, i el barri de l'Eixample.

La història de la plaça es remunta a l'època medieval, quan aquesta zona, just a tocar de les muralles de la ciutat, era l'inici de les principals rutes que en sortien i punt de trobada de mercaders. No va ser fins l'enderrocament de les muralles, a mitjan segle XIX, que es va convertir en el que avui coneixem, quan el pla urbanístic de l'enginyer i urbanista Ildefons Cerdà va fer créixer la ciutat al seu voltant. Ara, com aleshores, és també el punt on tot comença i acaba, un bon lloc de trobada des d'on començar a descobrir la ciutat i des d'on surten les principals línies de transport urbà i interurbà. L'espai central de la plaça, on es troba al terra una gran estrella, és escenari

A finals de la dècada de 1940

que, el maig del 2011, van tenir lloc amb l'anomenada «acampada dels indignats», un moviment ciutadà que es va instal·lar de forma pacífica a la plaça durant gairebé un mes per tal de cridar l'atenció contra la crisi econòmica, política i social que havia esclatat el 2008.

Proposem un recorregut que comença al passeig de Gràcia, mirant al mar i que segueix les agulles del rellotge.

habitual d'actuacions culturals —sobretot durant les festes majors de la ciutat—, de celebracions i de reivindicacions ciutadanes com les

Ronda de Sant Pere direcció Besòs

Ronda de Sant Pere, 3-5

🏛 Edifici La Sud Amèrica.

Un dels dos edificis de la plaça de Catalunya on hi ha un rellotge i, també, unes sentències esculpides a la façana de quan l'edifici pertanyia a la companyia asseguradora La Sud América Seguros: «La fe fortalece», «La esperanza vivifica», «La caridad ennoblece», «El trabajo dignifica». Aquest edifici el va fer construir el banquer i polític Manuel Girona, impulsor del Banco de Barcelona.

14

🛍 **El Corte Inglés.** Centre comercial ubicat entre la ronda de Sant Pere i el carrer de Fontanella amb una interessant història al darrere. En aquest mateix lloc, als anys trenta, hi va haver el Casino Militar de Barcelona. Als anys quaranta, després de la Guerra Civil, s'hi va ubicar el Salón Rigat i va acollir un restaurant i una sala de ball només per als qui en aquella època i circumstàncies s'ho podien permetre. El centre comercial va ser inaugurat l'any 1962, coincidint amb les festes de la Mercè, i va ser un cop d'aire fresc en una plaça de Catalunya grisa i plena d'edificis d'asseguradores. L'any 1992, l'arquitecte Oriol Bohigas es va encarregar de la reforma integral de l'edifici tal com avui el coneixem, per la qual va rebre nombroses crítiques, però també el premi FAD d'arquitectura i disseny. El centre comercial compta amb un gran supermercat al soterrani i un restaurant a la novena planta amb vistes a la plaça.

Carrer Fontanella

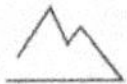

Fontanella, 17

🛍 **Casa de la estilográfica.** Fundada l'any 1938, s'hi poden trobar tota mena d'elements d'escriptura, recanvis i accessoris de totes les marques: Montblanc, Pelikan, Faber-Castell, Cross, Omas, etc. També hi fan reparacions.

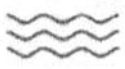

Fontanella, 2

🛍 **Mobile World Center Barcelona.** Centre publicoprivat destinat a acostar als usuaris el món de la telefonia mòbil i d'Internet. S'hi pot trobar una exposició permanent o veure-hi les últimes tendències i una agenda d'activitats que van des de concursos i presentacions a activitats lúdiques i culturals.

Fontanella, 20

🛍 **Mil.** Fundada el 1917, encara que el seus orígens es remunten a l'any 1815, és la degana de les barreteries de la ciutat. És difícil no aturar-se davant de les vitrines de l'aparador on s'acumulen barrets de tota mena: boines, panamàs, barrets d'aviador o de copa. S'hi troba el barret per a cada ocasió, ja sigui un casament, una festa de carnestoltes o el compromís més seriós, i només les millors marques i materials.

Portal de l'Àngel

L'espectacular i lluminós termòmetre de l'òptica Cottet, inaugurat el 1956, dóna la benvinguda a un altre dels eixos comercials de la ciutat: l'avinguda del Portal de l'Àngel. Es tracta d'un carrer per a vianants on s'apleguen una gran diversitat de comerços.

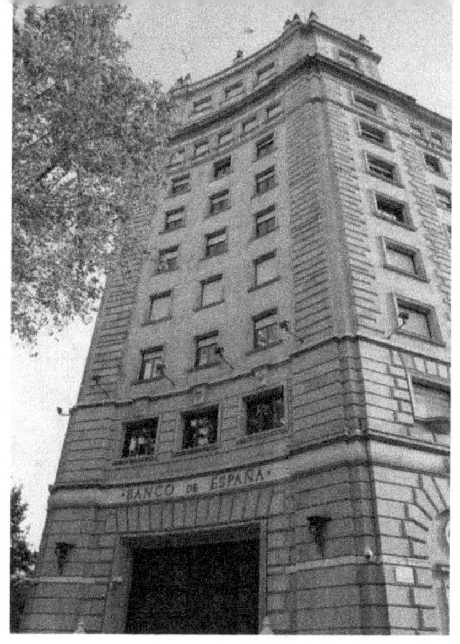

17

🏛 💳 **Banco de España.** Aquest sobri i immens edifici s'alça al costat sud de la plaça des del 1957. Consta de deu plantes i va ser una de les primeres grans estructures de formigó de la ciutat, obra de l'arquitecte Juan de Zavala. Els baixos i la primera planta tenen revestiments de granit, però la resta de l'edifici, amb comptadíssims i austers motius mariners i industrials, està fet amb la característica pedra grisa de la muntanya de Montjuïc.

17 (soterrani)

ⓘ **Oficina d'Informació de Turisme de Barcelona.** Principal oficina de turisme a Barcelona, amb 700 m² per a oferir tot tipus d'informacions sobre allotjament, desplaçaments per la ciutat, mapes i fullets amb informació d'interès pel visitant. S'hi accedeix a través d'unes escales situades a la plaça, al davant dels magatzems El Corte Inglés.

> **Horari:** diàriament: 8:30-20:30 h. 26 de desembre i 6 de gener: 9-15 h
> Tancat: 1 de gener i 25 de desembre
> **Informació:** 932 853 834
> info@barcelonaturisme.com
> www.barcelonaturisme.com
>
> Bus: 16, 17, 24, 41, 42, 55, 58
> Metro: L1, L3 (Catalunya)
> FGC: Catalunya
> Renfe: Plaça Catalunya, Passeig de Gràcia

19

🍴 **Farggi.** Un establiment d'aquesta gelateria catalana amb terrassa al carrer, on es poden degustar gelats, cafès, tes i pastes, entre altres elaboracions, de la màxima qualitat.

🏨 **Olivia Plaza** (4*). Hotel amb 113 habitacions modernes i lluminoses que van des de les dobles més senzilles a les suites amb terrassa. Destaca el bar i restaurant Nineteen, des d'on es tenen unes vistes privilegiades de l'església de Santa Anna.

20

🛍 **Alain Afflelou.** Franquícia d'aquesta òptica fundada l'any 1972 a Bordeus, cèlebre per les seves Tchin Tchin: un segon parell d'ulleres per només un euro més.

21

🍴 **Hard Rock Café.** Plats i decoració típicament americana a ritme de rock. Aquest establiment va obrir les seves portes l'any 1997 i, malgrat l'última redecoració, més blanca i moderna, continua mantenint el seu estil. Entre *nachos* i hamburgueses podem gaudir d'un vestit de Shakira, una cotilla de Madonna, una caçadora de Bruce Springsteen o una camisa de Freddy Mercury, entre molts altres objectes donats pels mateixos artistes.

Carrer de Rivadeneyra

Aquest carrer amaga la sorpresa d'oferir al seu final, a l'esquerra, una placeta on allunyar-se del brogit que pot emanar la plaça de Catalunya. I encara més, al final de la placeta, unes escales baixen fins a l'accés al monestir de Santa Anna, on destaca l'església, del segle XII, amb elements romànics i gòtics, declarada monument nacional i bé d'interès nacional. Conserva l'estructura romànica original, amb planta de creu i absis quadrat, coberts al segle XIII amb volta de canó apuntada. La porta gòtica és del 1300. A la plaça adjacent hi ha una antiga creu de terme.

23

🏛 🛍 **Antiga Banca Arnús / El Corte Inglés.** Vegeu el comentari destacat «La Ruta Sagnier» a les pàgines 116-117.

La Rambla

El carrer més popular de Barcelona comença just en aquest punt de la plaça de Catalunya i desemboca al port. Amb una gran avinguda central envoltada de plàtans centenaris i un carril per a cotxes a banda i banda, és plena de quioscos de premsa i parades de flors, gelats i dolços. És imprescindible, si el viatger vol tornar a visitar la ciutat, beure aigua de la font de Canaletes, situada a dalt de tot, a pocs metres de la sortida del metro (estació Catalunya).

Carrer Pelai

Una altra de les vies comercials més concorregudes de la ciutat que van a parar a la plaça de Catalunya. Hotels, comerços de tot tipus, restauració i una bona manera de dirigir-se a la plaça de la Universitat i als barris de Sant Antoni i Esquerra de l'Eixample.

Monument a Francesc Macià

🍴 **Café Zurich.** Es tracta, segurament, del cafè més conegut de Barcelona i és el lloc de trobada més habitual dels forans i barcelonins que es citen al centre de la ciutat. Malgrat les reformes, encara conserva el seu encant i un cert estil del segle XIX.

1

🛍 **El Triangle.** Gran Centre Comercial que disposa d'establiments de restauració i comerços, entre els quals destaca l'**FNAC**, botiga de la cadena francesa especialitzada en llibres, productes tecnològics i d'oci, que compta amb una sala per a presentacions de llibres i actuacions musicals.

2-4

🛍 **Solaris.** Ulleres de sol de totes les marques, estils i colors. Creada el 1994, la firma disposa de més de 400 punts de venda repartits per tot el món.

Carrer Bergara

≋

🏨 **Pulitzer** (4*). Noranta-dues habitacions domòtiques totalment equipades i decorades amb els últims materials i tecnologies. Durant els mesos de primavera i estiu obre la Terrassa del Pulitzer, amb música en directe i unes molt bones vistes de la ciutat.

🏨 **Regina Hotel** (4*). Modern i elegant establiment, construït el 1917, en un edifici amb elements modernistes, que ha sabut adaptar-se als nous temps. Cal destacar la marquesina que es conserva a l'entrada.

⛰

🏨 **Catalonia Plaza Catalunya** (4*). Aquest hotel modernista data del 1899 i va ser dissenyat pel mestre d'Antoni Gaudí, l'arquitecte Emilio Salas i Cortés. L'hotel compta amb els habituals avantatges d'un establiment de la seva categoria, a més d'un *spa* i una piscina al pati interior.

🍴 **Casa Agustí.** Cuina de Barcelona des del 1936. Tot i que s'hi han realitzat reformes, la decoració conserva l'ambient nostàlgic, acollidor i familiar que sempre l'ha caracteritzat. A taula, cuina típicament catalana a la qual hi destaquen els peixos i les carns d'alta qualitat.

6

🏛 💵 **Edifici BBVA** (1952). Aquest immoble, que el banc BBVA ocupa en règim de lloguer, té 13.875 m² i es conegut sobretot pel rellotge que gira dalt del seu terrat. El rellotge va ser inaugurat l'any 1971: mesura 4,7 metres de diàmetre, pesa 1.844 quilos i la maneta dels minuts fa dos metres de llarg.

7

🏨 **H10 Catalunya Plaza** (3*). Un hotel ubicat en un edifici del segle xix, totalment reformat el 2013 i reconvertit en «boutique hotel», és a dir, ben situat, amb disseny i un bon servei.

Ronda de la Universitat

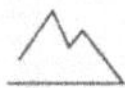

Ronda de la Universitat, 37

🛍 **Botiga FC Barcelona.** Equipaments oficials, camisetes, jaquetes, gorres, pilotes, tovalloles i molts altres objectes de l'univers blaugrana en un mateix establiment.

Ronda de la Universitat, 35

🍴 **Milano Cocktail-Bar.** Clàssica i relaxant cocteleria on cada dia a partir de les 12 del migdia pots fer un viatge fins als anys quaranta. Còctels de pel·lícula i jazz en viu durant tots els dies de l'any i, per als amants de la bona carn, el famós *steak tartar* d'Angel Martín.

9

🏛 **Casa Joan Pich i Pon** (1921). Un sobri edifici de línies clàssiques sense concessions ornamentals, de l'època groga de Josep Puig i Cadafalch. Destaquen la porta abarrocada de l'entrada, els templets que coronen els angles dels xamfrans i l'estàtua d'Hermes coronant l'edifici, que donen al conjunt un caràcter monumental.

🏛 **Art públic.** La plaça de Catalunya destaca per la quantitat i qualitat de les escultures exposades. Hi trobem des de *La Deessa* de Josep Clarà (1878-1958), asseguda just al davant del *Monument a Francesc Macià* de Josep Maria Subirachs (1927-2014) i que representa dues escales, una col·locada sobre l'altra, fins a la *Barcelona* de Frederic Marés (1893-1991) o *El Pastor* de Pablo Gargallo (1881-1934).

A més, repartides per tot el perímetre, hi ha escultures de Vicenç Navarro, Josep Dunyach, Eusebi Arnau, Josep Llimona, Josep Viladomat, Enric Casanovas, Josep Clarà, Antoni Parera, Jaume Otero, Joan Borrell, Llucià i Miquel Oslé, Jaume Duran, Josep Tenas i Enric Monjo.

Les fonts ornamentals que hi ha a la plaça van ser obra de Fernando Espiau Seoane i es van inaugurar el 1959.

Índexs

Uterque, passeig de Gràcia, 65
934872010, www.uterque.com
Valentino, passeig de Gràcia, 108
933683219, www.valentino.com
Vinçon, passeig de Gràcia, 96
932156050, www.vincon.com
Wolford, passeig de Gràcia, 104
933484251, www.wolfordshop.es
Yves Saint Laurent, passeig de Gràcia, 102
932003955, www.ysl.com
Zadig & Voltaire, passeig de Gràcia, 73
934676329, www.zadig-et-voltaire.com
Zara, passeig de Gràcia, 16, 933187675, www.zara.com
Zara Home, passeig de Gràcia, 30
933041292, www.zarahome.com

Museus / Galeries d'art

Casa Batlló, passeig de Gràcia, 43
932160306, www.casabatllo.es
Casa Lleó Morera, passeig de Gràcia, 35
936762733, www.casalleomorera.com
Fundació Antoni Tàpies, Aragó, 255
934870315, **www.fundaciotapies.org**
Fundació Catalunya-La Pedrera, passeig de Gràcia, 92
932142539, www.fundaciocatalunya-lapedrera.com
Fundació Frederic Mompou, passeig de Gràcia, 108
932181481, www.fundaciomompou.cat
Fundació Institut Amatller d'Art Hispànic, passeig de
Gràcia, 41, 934961245, www.amatller.org
Fundació Suñol, passeig de Gràcia, 98
934961032, www.fundaciosunol.org
Galeria Comas, passeig de Gràcia, 114
934153299, www.galeriacomas.com
Galeria Jordi Barnadas, Consell de Cent, 347
932156365, www.barnadas.com
La Pedrera / Casa Milà, passeig de Gràcia, 92
902202138, www.lapedrera.com
Museu de la Perruqueria, rambla de Catalunya, 99
932052419, www.museumraffelpages.com
Museu del Perfum, passeig de Gràcia, 39
932160121932160146, www.museudelperfum.com
Museu Egipci, València, 284
934880188, www.museuegipci.com
Palau Robert, passeig de Gràcia, 107
932388091/92/93, www.gencat.cat/palaurobert
Sala Dalmau, Consell de Cent, 349
932154592, www.saladalmau.com

Edificis singulars

Antiga Banca Arnús, plaça Catalunya, 23
Banco de España, plaça Catalunya,17
Borsa de Barcelona, passeig de Gràcia, 19
Can Serra, rambla de Catalunya, 126,

Casa Amatller, passeig de Gràcia, 41
Casa Àngel Batlló, Mallorca 253-257
Casa Antoni i Marc Rocamora, passeig de Gràcia, 26
Casa Bonaventura Ferrer, passeig de Gràcia, 113
Casa Casarramona, passeig de Gràcia, 48
Casa Casas-Carbó, passeig de Gràcia, 96
Casa Codina, passeig de Gràcia, 94
Casa Coma, passeig de Gràcia, 74
Casa Comalat, avinguda Diagonal, 442
Casa Enric Batlló, passeig de Gràcia, 75
Casa Fuster, passeig de Gràcia, 132
Casa Garriga, passeig de Gràcia, 112
Casa Jacint Esteva, passeig de Gràcia, 104-108
Casa Joan Pich i Pon, plaça Catalunya, 9
Casa Josefina Bonet, passeig de Gràcia, 39
Casa Josep Arús, Rosselló, 240
Casa Josep Borràs, passeig de Gràcia, 77
Casa Julià, passeig de Gràcia, 80,
Casa Lleó Morera, passeig de Gràcia, 35
Casa Lluís Ferrer-Vidal, passeig de Gràcia, 114
Casa Malagrida, passeig de Gràcia, 27
Casa Milà / La Pedrera, passeig de Gràcia, 92
Casa Mulleras, passeig de Gràcia, 37
Casa Olano / El Cano, passeig de Gràcia, 60
Casa Pascual i Pons, passeig de Gràcia, 2-4
Casa Pere Llibre, passeig de Grácia, 24
Casa Puig Colom, passeig de Gràcia, 7
Casa Ramon Servent, Gran de Gràcia, 7
Casa Terrades / Les Punxes, avinguda Diagonal, 416-420
Casa Vídua Marfà, passeig de Gràcia, 66
Cases Jofre, passeig de Gràcia, 65
Cases Rocamora, passeig de Gràcia, 6-14
Edifici Banco Español de Crédito, plaça Catalunya, 1
Edifici Banco Pastor, passeig de Gràcia, 54
Edifici Banco Rural y Mediterráneo, passeig de Gràcia, 16
Edifici BBVA, plaça Catalunya, 6
Edifici Union des Assurances de Paris, p. Gràcia, 33
Edifici Deutsche Bank, passeig de Gràcia, 111
Edifici Femina, passeig de Gràcia, 23
Edifici Generali, plaça Catalunya, 11
Edifici La Sud América, ronda de Sant Pere, 3-5
Edifici La Unión y el Fénix, passeig de Gràcia, 21
Edifici Publi, passeig de Gràcia, 55-57
Església i convent de Pompeia, avinguda Diagonal, 450
Palau Baró de Quadras, avinguda Diagonal, 373
Palacio Marcet, passeig de Gràcia, 13
Palau Robert, passeig de Gràcia, 107

Restaurants / Bars

Barcelona Atiram, Casp, 1-13
933025858, www.barcelonaatiramhotels.com
Boca Chica, passatge de la Concepció, 12
934675149, www.bocagrande.cat
Boca Grande, passatge de la Concepció, 12
934675149, www.bocagrande.cat

Hotels

Monuments / Escultures

Bancs

Entitats

Cinemes / Teatres

Farmàcies